Les Accidents

du Travail

COMMENTAIRE

DE LA

Loi du 9 Avril 1898, modifiée le 22 Mars 1902,

CONCERNANT LES

Responsabilités des Accidents

DONT LES OUVRIERS SONT VICTIMES DANS LEUR TRAVAIL,

AVEC

de Nombreuses Décisions de Jurisprudence,

A L'USAGE

des Ouvriers et Employés de l'Industrie,
des Chefs d'Etablissement,
et des Chambres Syndicales Patronales et Ouvrières.

2ᵉ ÉDITION

RENNES

LÉOPOLD RADIGOIS, Éditeur

Boulevard Solférino, 15.

Prix : **0,80** c.

Législation Industrielle
(CODE DU TRAVAIL)
1re PARTIE

Réglementation du Travail dans l'Industrie

COMMENTAIRES
PAR
Louis GRILLET
Inspecteur départemental du Travail dans l'Industrie

Spécialement à l'usage des **Industriels, Chefs d'Atelier, Mairies, Chambres Syndicales patronales et ouvrières, et Juges de Paix.**

PLAN DE L'OUVRAGE

Avant-Propos, Historique, Lois réglementant le Travail Industriel.

TITRE Ier. — Le Travail Industriel.

CHAPITRE Ier. Établissements Industriels. Admission, Durée du travail, etc.
CHAPITRE II. — Hygiène et sécurité des Travailleurs.
CHAPITRE III. — Contraventions, Délits. De l'Inspection du Travail, Commissions du Travail et Comités de Patronage.

TITRE II. — Responsabilités des Accidents du Travail.

TITRE III. — Dispositions spéciales visant l'Apprentissage, les Magasins Commerciaux et les Enfants employés dans les Professions ambulantes.

Sommaire du Titre Ier, Chapitre 1er — Des établissements industriels. Age d'admission. Durée du travail : 1° Établissements n'employant que des hommes ; 2° Établissements à personnel féminin ou à personnel mixte. De l'influence de la réduction de la durée du travail sur le rendement industriel. La journée de 10 heures. Réflexions. Repos. Travail de nuit, repos hebdomadaire. Tolérances et dérogations. Utilité et nécessité. Dérogations applicables : 1° aux adultes seulement ; 2° aux hommes, femmes et enfants. Tolérances s'exerçant : 1° par le simple envoi d'un avis ; 2° de plein droit ; 3° après l'obtention d'une autorisation. Situation spéciale des imprimeries. Prescriptions de contrôle (livrets, affichage, registres, etc.) Déclaration d'ouverture d'un établissement industriel. — Établissements de bienfaisance. Théâtres, Cafés-Concerts, Travaux souterrains.

Un fort volume in-8 d'environ 300 pages, Prix : **3 fr. 50**
En souscription, Prix : **2 fr. 50** — Franco, **3 fr. 10**

Adresser les souscriptions à M. Léopold RADIGOIS, éditeur,
15, Boulevard Solférino - RENNES.

Les Accidents

du Travail

PAR

Louis GRILLET

AVANT-PROPOS

La loi du 9 avril 1898 sur les responsabilités des accidents dont les ouvriers sont victimes dans leur travail, est une de celles qui intéressent le plus directement le monde industriel, aussi bien les ouvriers que les chefs d'entreprise : aux uns, elle a assuré un droit nouveau, elle a mis à la charge des autres d'importantes obligations.

Il était donc utile de les renseigner, aussi complètement que possible, sur leurs droits ou sur leurs devoirs.

C'est dans ce but, qu'au cours des années 1901 et 1902, et à la demande d'Associations diverses (Syndicats, Sociétés d'Instruction populaire), nous avons fait, dans les principaux centres industriels de la région, des conférences publiques sur l'application de la loi-accidents : à Fougères (9 mars 1901), à Louvigné (10 mars), à Saint-Brieuc (24 novembre), à Rennes (27 décembre 1901 et 16 février 1902), à Brest (12 mars 1902) à Morlaix (16 mai 1902).

A la suite de la première de ces conférences, à laquelle assistaient « plus de 600 personnes », une motion demandant la publication du compte rendu in-extenso de la conférence fut votée par l'Assemblée.

La conséquence de ce vote fut la publication à 3,000 exemplaires, en avril 1901, et sous les auspices de la Bourse du Travail de Fougères, d'une brochure résumant les points importants de la conférence explicative.

Aujourd'hui que la loi du 22 mars 1902 est venue modifier la loi du 9 avril 1898, et devant les demandes qui nous ont été adressées, nous croyons utile de donner une nouvelle édition de cette brochure.

Mais, dans notre pensée, cette nouvelle édition ne pouvait se borner à une simple mise à jour

Pour cette raison, le plan en a été complètement refondu, et nous n'avons cru mieux faire que de suivre celui qu'avait précédemment tracé la Circulaire de M. le Garde des Sceaux, en date du 10 juin 1899.

De plus grands développements, un nombre plus considérable de décisions de jurisprudence, quelques remarques personnelles sont venues accroître l'importance et, croyons-nous, augmenter l'utilité de ce modeste travail ! Une simple conférence d'initiation à la loi de 1898 s'est ainsi transformée en un *vade mecum* aussi complet que possible de l'industriel, de l'ouvrier, de l'assureur et même du juge du premier degré, qui pourra peut-être y trouver d'intéressants renseignements.

A tous, nous présentons cette brève étude, en souhaitant qu'elle puisse leur rendre quelques services : ce sera notre meilleure récompense.

Rennes, 30 Janvier 1903.

Louis GRILLET.

RESPONSABILITÉS

DES

ACCIDENTS DU TRAVAIL

(Loi du 9 avril 1898).

Modifiée par la loi du 22 mars 1902.

Historique et Bases de la Loi.

Pour la première fois en France, en 1880, un projet de loi fut présenté à la Chambre sur la responsabilité civile du patron en cas d'accident survenu à ses ouvriers pendant leur travail. Dans ce projet, la responsabilité du patron était nettement établie, sauf dans le cas de faute de l'ouvrier (projet Nadaud).

Pour la première fois se trouvait affirmée cette idée, consacrée depuis par les lois et règlements concernant l'hygiène et la sécurité des travailleurs, que le chef d'industrie n'est pas libéré de ses obligations envers l'ouvrier, par le paiement du salaire convenu, mais qu'il lui doit en outre de prendre des mesures propres à garantir sa santé et sa vie pendant le travail. Si, par suite de l'inexécution de ces mesures protectrices, un accident se produit, la responsabilité du patron se trouve engagée, et il doit à l'ouvrier la réparation du préjudice causé.

Cette théorie, bien que moins libérale que celle qui a été admise définitivement par le Parlement, marquait néanmoins un grand pas dans l'amélioration du sort du travailleur de l'industrie.

De 1880 à 1897, de nombreux projets, modifiant ou étendant le projet Nadaud, furent présentés ou votés au Sénat et à la Chambre des Députés. Mais ce fut seulement en octobre 1897 que commença à la Chambre la discussion qui devait aboutir au vote de la loi actuelle.

Nous donnons ci-dessous, à titre documentaire, la liste des propositions présentées ou votées de 1880 à 1898 :

1880. Projet Martin Nadaud.

1881. —

1882. Projets Félix Faure et Henri Maret.

1883. Projet Peulevey.

1884. Projet voté à la Chambre des Députés et devenu caduc par suite du renouvellement de l'Assemblée (1885) avant la 2ᵉ délibération.

1884. Projet Tolain.

1885 (24 mars). Projet Rouvier.

(29 décembre). Projet Rouvier et Laur.

1886 (2 février). Projet de loi déposé par M. Lockroy.

1888 (10 juillet). Projet voté par la Chambre.

1890 (20 mai). — par le Sénat.

1893 (10 juin). Projet voté par la Chambre.

1895 (5 décembre). Projet au Sénat (renvoyé à la Commission après la 1ʳᵉ délibération et écarté définitivement).

1896 (24 mars). Projet voté par le Sénat.

1897 (29 octobre). — par la Chambre.

1898 (7 mars - 19 mars). Projet voté par le Sénat (2 délibérations).

1898 (26 mars). Projet adopté par la Chambre sans modification.

Nous n'entrerons pas dans l'étude de ces divers projets, qui ne présentent plus d'ailleurs actuellement qu'un intérêt rétrospectif. Disons seulement que le principe même de la loi a subi pendant cette période (1880 à 1898), une constante évolution, partant du principe de la *responsabilité délictuelle* (articles 1382 et suivants du Code civil, appliqués jusqu'à la mise en vigueur de la loi actuelle),

affirmant ensuite la *responsabilité contractuelle* du patron (projet Martin Nadaud),

pour arriver à l'admission de l'idée du *Risque professionnel* (projet Félix Faure), complété lui-même par ce qu'il serait possible d'appeler le *Système du Compromis* (loi du 9 avril 1898 actuellement en vigueur).

*
* *

Depuis cinq ans bientôt la loi relative aux accidents du travail est votée, depuis le 1ᵉʳ juillet 1899 elle est entrée en application et, malgré cela, trop d'ouvriers, trop de petits patrons même en ignorent les dispositions essentielles. Et pourtant, cette connaissance de la loi est, pour tous, de toute importance.

Il ne faut pas oublier, en effet, que si, d'une part, l'ouvrier est le premier intéressé à bien la connaître, pour pouvoir, le cas échéant, exercer son recours par les moyens de droit, le petit patron, d'autre part, ne l'est pas moins, afin de pouvoir se garantir par avance contre les surprises que lui réserve le *risque professionnel*.

Il n'est personne qui ait oublié les premières difficultés d'application de cette loi généreuse qui, pour la première fois, a consacré légalement dans notre pays cette idée du *risque professionnel*, idée admise généralement aujourd'hui en France, non seulement par les jurisconsultes, mais encore par les industriels, idée adoptée enfin depuis quelques années déjà par les grands pays industriels du centre de l'Europe : l'Allemagne (1884) et l'Autriche (1887).

Après la publication faite le 1er mars 1899 des règlements d'administration publique du 28 février de la même année, un mouvement de protestations violentes se produisit contre l'application de cette loi, et l'on put voir avec surprise un certain nombre d'ouvriers, ceux mêmes à qui elle devait profiter, joindre leurs critiques à celles des industriels. La conséquence fut que le Parlement recula d'un mois, du 1er juin au 1er juillet, le point de départ de l'application de la loi, en mettant à la charge de l'Etat, pendant cette période, les indemnités à allouer aux ouvriers victimes d'accidents du travail (1). Mais, devant l'attitude ferme du Gouvernement « et sa résolution manifeste d'assurer dans son intégralité l'exécution de la législation nouvelle » les difficultés s'aplanirent.

D'ailleurs, la promulgation faite le 24 mai 1899 d'une loi autorisant la Caisse nationale d'Assurances contre les accidents, instituée le 11 juillet 1868, à étendre ses opérations aux risques prévus par la loi du 9 avril 1898, donna satisfaction au monde de l'industrie, en lui permettant de se garantir contre les risques courus moyennant le paiement de primes calculées sur des tarifs raisonnables. — Cette solution obligea

---

(1) D'après le Rapport de M. Louis Ricard, Président de la Commission chargée d'arbitrer les indemnités attribuables aux victimes d'accidents survenus en juin 1899, la dépense totale résultant de ce fait a pu être évaluée à 1.900.000 francs (*Journal Officiel* du 12 janvier 1901).

les Compagnies d'Assurances, pour se créer ou pour conserver une clientèle, à entrer dans la même voie, et à établir des tarifs plus réduits encore.

Aujourd'hui qu'il est possible de juger cette loi d'après les résultats qu'elle a donnés, nous pouvons affirmer sans crainte d'être contredit, qu'elle fait *le plus grand honneur au Parlement qui l'a votée et au Gouvernement qui en a assuré l'application*.

Afin de mieux faire entrevoir toute l'importance de la législation nouvelle, nous allons auparavant brièvement résumer — en nous plaçant au seul point de vue de **la cause** de **l'obligation à réparation** — les quatre théories citées précédemment et qui marquent les diverses phases de l'élaboration de la nouvelle loi.

1° **Théorie de la Responsabilité délictuelle.**

(appliquée jusqu'au 1ᵉʳ juin 1899. — Droit commun).

Jusqu'à cette date, on considère *le patron et l'ouvrier comme deux étrangers.* Il en résulte qu'en cas d'accident à ce dernier, le patron n'encourt pas d'autre responsabilité que celle qui est déterminée par les articles 1382 et suivants du Code civil, en vertu desquels toute personne est responsable du dommage qu'elle a causé par son fait, par sa négligence, par son imprudence, par le fait des personnes dont elle doit répondre ou des choses dont elle a la garde.

En résumé, l'industriel n'est responsable que du fait de son délit ou de son quasi-délit.

Critique de cette théorie. — La conséquence des explications qui précèdent, c'est que, en cas d'accident, l'ouvrier, pour établir son droit à une indemnité, devait faire la preuve de la faute du patron. Trois cas pouvaient se présenter. L'ouvrier blessé par sa faute, par sa maladresse, par son imprudence ou par suite de sa fatigue, faute ou imprudence bien souvent excusables et explicables en raison de l'activité croissante du travail et de l'insouciance qu'elle entraîne, n'a droit à aucune indemnité. « Victime d'un de ces cas fortuits » (explosion d'une meule, d'une chaudière) si nombreux dans l'industrie, il se voit encore privé, de par la loi, de toute réparation. Enfin, blessé par la faute, la négligence ou la maladresse du patron, il fallait que l'ouvrier fasse la preuve de cette faute ou de cette négligence, et pour cela qu'il entamât un procès aussi long que dispendieux. En fait, cette preuve était presque impossible à faire. Comment l'ouvrier, cloué dans son lit par la maladie, privé de tout salaire, ignorant des règles de la procédure, eût-il pu, dans la majeure partie des cas, fournir la preuve demandée, et surtout obtenir contre son patron, le témoignage de ses camarades. Il n'est donc pas étonnant qu'il préférât bien souvent ne rien réclamer et ne pas risquer de perdre à la fois, un procès et son gagne-pain.

` Les statistiques d'accidents, disait M. le garde des Sceaux, dans sa Circulaire du 10 juin 1899, établissent que « sur cent accidents, vingt-cinq peuvent être attribués à la faute de l'ouvrier, vingt à la faute du patron, huit à la faute combinée du patron et de l'ouvrier, quarante-sept à des cas fortuits ou de force majeure ou à des causes indéterminées » et par cela même impossibles à prévoir. Donc, sur 100 accidents, dans 28 cas seulement (faute du patron ou faute combinée du patron et de l'ouvrier), l'ouvrier était fondé à réclamer une indemnité, mais, dans la pratique, à peine dans un cas sur dix, l'ouvrier intentait-il une action contre son patron ; bien souvent l'ouvrier ou sa famille transigeaient pour une somme minime. Et nous ne parlons que des accidents graves. Les accidents les plus fréquents, ceux qui entraînent une incapacité de travail de 4 à 20 jours, ne donnaient presque jamais lieu à une action en indemnité, parce que dans ce cas, le montant des frais du procès aurait surpassé le montant de la réparation pécuniaire, et que de plus il en serait résulté trop souvent le renvoi de l'ouvrier.

2° Théorie de la responsabilité contractuelle.

(Projet Martin Nadaud).

La responsabilité du patron, au lieu de naître, comme dans le cas précédent, du droit commun et d'être par suite subordonnée à une faute plus ou moins grave, trouve son origine dans le contrat de travail. D'après ce système, en même temps que le patron s'oblige à l'égard de l'ouvrier au paiement d'un salaire correspondant à une certaine quantité de travail, il s'engage en outre à prendre toutes les précautions nécessaires pour garantir la santé et la vie de l'ouvrier. — Si par suite de l'inexécution de ces tacites obligations, un accident se produit, le chef d'industrie est responsable. Sa responsabilité découle de cette violation du contrat.

Les différences entre cette théorie et la théorie précédente vont mieux nous faire comprendre le pas immense accompli par le dépôt du projet Nadaud.

a) Toute faute délictuelle qu'elle qu'en soit la gravité, engage la responsabilité de son auteur.

Au contraire, la faute contractuelle doit présenter un certain caractère de gravité pour engager la responsabilité de celui qui l'a commise.

b) On ne peut pas s'exonérer à l'avance des conséquences d'une faute délictuelle.

On peut, au contraire, parfaitement prendre des dispositions pour s'exonérer partiellement ou totalement des conséquences d'une faute contractuelle (Assurance) (sauf exception pour les cas où la personne responsable s'est livrée à des manœuvres dolosives ou quand l'ordre public est intéressé).

c) Enfin, *celui qui souffre de la faute délictuelle* doit apporter la *preuve du préjudice qui lui est causé* et établir qu'elle est bien imputable à la personne qu'il accuse (articles *1382* et suivants du Code civil).

Au contraire, dans le cas de faute contractuelle, c'est *celui qui est accusé qui doit prouver que la faute ne lui est pas imputable.*

En un mot, si l'on admet la théorie de la responsabilité contractuelle, l'ouvrier n'a plus à établir la faute du patron ; c'est au contraire au patron à établir que l'accident survenu ne lui est pas imputable (différence essentielle).

3° Théorie du Risque professionnel.

(Projet Félix Faure. 1882 — Projets suivants).

Dans ce système, on fait abstraction de toute idée de faute ou d'imprudence de la part du patron et de l'ouvrier.

La transformation de l'industrie et les modifications de l'outillage ont eu pour résultat la multiplication du nombre des accidents, qui sont bien plutôt imputables au milieu professionnel lui-même, qu'à une faute quelconque. Il en résulte que le « Risque professionnel » est une des nécessités, une des conditions normales de l'exercice d'une profession, il doit figurer dans les frais généraux de l'industrie au même titre que l'usure des machines ou les accidents qui détériorent les bâtiments ou l'outillage.

L'industriel assure ses bâtiments, ses immeubles : il prend chaque année sur ses bénéfices une certaine somme qui représente l'usure du matériel — (analogie quant au fond avec le principe des Retraites ouvrières), — il compte parmi ses frais généraux les accidents pouvant occasionner une détérioration de son outillage — (principe de la loi sur les accidents du travail). — en un mot, il administre son budget de telle sorte qu'il puisse remplacer par une machine neuve la machine hors d'usage, et l'on ne voudrait pas qu'il en fût de même pour cette *machine intelligente et si délicate* qu'est **l'ouvrier**. Il aurait, dans le cas d'accident à l'ouvrier, la faculté de **REMPLACER SANS FRAIS** l'ouvrier blessé par un autre ouvrier embauché aussitôt, alors que la destruction d'une machine lui cause une dépense considérable. Il n'était plus possible qu'il en fût toujours ainsi.

Déjà, dans une circulaire du 15 décembre 1848, Vivien, Ministre des Travaux publics, avait le premier posé le principe du « *Risque professionnel* ». Il entendait « assurer aux ouvriers employés dans le service des travaux publics, et le cas échéant à leurs familles, les secours dont ils pourraient avoir besoin par suite d'accidents survenus ou de maladies contractées dans les travaux » car, ajoutait-il, « les soins et les secours à donner aux ouvriers éprouvés, en cas de maladies ou d'accidents survenus pendant les travaux, *constituent une charge réelle des entreprises, une dette imposée par les règles du droit* aussi bien que par la loi de l'humanité ».

En 1882, Félix Faure, plus tard Président de la République Française, arrivait aux mêmes conclusions : « C'est, à notre avis, disait-il, en matière de travail, une idée erronée de subordonner à la preuve de la faute la réparation du dommage causé par un accident ; dans la plupart des cas, il n'y a, à proprement parler, ni faute du patron, ni faute de l'ouvrier. *Tout travail a ses risques. Les accidents sont la triste, mais inévitable conséquence du travail même* ».

Cette doctrine du « Risque professionnel » appliquée timidement dès 1848 à quelques travailleurs de l'État français, hautement affirmée devant le Parlement en 1882, devait donc demander cinquante années (de 1848 à 1898) pour passer dans nos lois. Il n'en résulte pas moins que si, au point de vue de son application, la France fut devancée par l'Allemagne et l'Autriche, la Norvège (1894), la Suisse (1881-1887), la Finlande et la Roumanie (1885), l'Angleterre (1897), c'est elle néanmoins qui a montré la voie à suivre aux nations indus- t'ielles de l'Europe. (1)

L'adoption de ce principe laissait néanmoins à la charge de l'ouvrier tous les accidents occasionnés par sa faute. En effet, il est évident que « le Risque professionnel » ne com- mence que là où une responsabilité véritable devient impos- sible à déterminer. La conséquence, c'est que 25 pour 100 des accidents (faute de l'ouvrier) restent sans réparation. Aussi un compromis a-t-il été fait décidant qu'au lieu d'obliger le patron à la *réparation complète* de 75 °/₀ des accidents du travail (faute du patron — risque professionnel), on l'obligerait seule- ment à une *réparation partielle*, mais de tous les accidents du travail. Ce système du compromis forme la base de la loi de 1898.

4ᵉ Système du Compromis.

(Loi du 9 Avril 1898).

(Combinaison du Risque professionnel et de l'indemnité transaction- nelle, forfaitaire et réduite).

Nous venons d'exposer l'idée même de cette théorie. Ses avantages sont considérables. Le principe du Risque profes- sionnel une fois admis, il était tout naturel de convenir que dans aucun cas on ne recherchera à qui incombe la responsa- bilité de l'accident, étant donné surtout que la recherche de cette responsabilité est longue et délicate, et que, de plus, en cas de faute du patron et de l'ouvrier, il est impossible de faire le départ exact entre les responsabilités de chacun d'eux.

Seulement, il fallait que l'adoption, dans tous les cas, d'une indemnité forfaitaire et réduite, ne vînt pas aggraver les charges du chef d'industrie.

Ce principe du Compromis a été parfaitement établi par M. Maruéjouls, rapporteur de la Commission, dans un discours prononcé à la Chambre le 28 Octobre 1897.

---

(1) Depuis 1898, un grand nombre de pays ont adopté pour base de la réparation des accidents du travail, la théorie du *risque professionnel* : le Danemark et l'Italie (1898), l'Espagne, la Nouvelle-Zélande et Sud-Australie (1900), la Hollande, la Suède, la Grèce, la Russie (1901), le Luxembourg, l'Aus- tralie occidentale et la Colombie britannique (1902).

« Il est admis aujourd'hui, disait M. Maruéjouls (cela résulte du dernier état des statistiques à l'étranger comme en France), que les accidents dus à la force majeure, ou dont la cause échappe à toute espèce de recherches, figurent, dans le total lamentable de cette sorte de fléau, pour une proportion de 55 %, mettons, si vous le voulez, afin de faciliter les calculs, pour une proportion de 50 %.

« Voilà donc, après que vous avez voté l'article 1er qui consacre le *risque professionnel*, ce qui veut dire que dans les cas de force majeure, ou dans les cas du genre de ceux que j'indique, le risque professionnel fonctionne au profit de l'ouvrier et que ces accidents sont mis à la charge du patron, voilà donc une proportion de 50 % d'accidents qui devraient être supportés par l'industriel et ce qui devrait être supporté (veuillez le remarquer) c'est la totalité du salaire, puisqu'il est entendu que c'est implicitement par la faute de celui qui donne l'outillage que l'accident a eu lieu.

« Voilà, dis-je, 50 % d'accidents qui sont, pour l'intégralité du salaire, à la charge du chef d'entreprise.

« On admet que pour l'autre moitié, il y a à peu près 25 % de ces accidents qui sont à la charge du patron, parce qu'ils sont la conséquence d'une faute ou d'une négligence de sa part, et 25 % qui sont à la charge de l'ouvrier, parce qu'ils sont la conséquence d'une faute plus ou moins grande de ce dernier.

« Prenons ceux qui sont à la charge du patron. Il est évident que, dans ce cas, il doit l'intégralité du salaire. C'est donc 75 % d'accidents dans lesquels le patron doit l'intégralité du salaire.

« C'est ici que va fonctionner *l'indemnité forfaitaire*; c'est ici que le Risque professionnel va jouer à la fois dans l'intérêt de l'ouvrier et dans l'intérêt du patron.

« Si nous appliquions exactement la conséquence des chiffres que je viens de vous citer, il y aurait 75 % *des accidents pour lesquels le patron devrait le salaire dans son intégralité*, mais il y en aurait 25 % *dans lesquels les ouvriers ne recevraient rien.*

« Nous avons alors fait une *transaction* sur la base des 2.3 du salaire. C'est un *forfait* absolument hors de toute contestation; il est établi sur des statistiques qui ne sont plus discutées. » (*Journal officiel* (Chambre des députés), page 2210).

Ainsi, au lieu d'obtenir la réparation totale dans un certain nombre d'accidents, l'ouvrier obtient seulement une réparation partielle, mais pour tous les accidents. — *L'indemnité* est donc *transactionnelle* et il en résulte un avantage à la fois pour le patron et pour l'ouvrier. D'une part, l'ouvrier est certain d'être indemnisé de tout accident de travail, d'autre part, le patron devra une indemnité qui sera toujours inférieure au préjudice causé. De plus, l'indemnité est *forfaitaire*, en ce sens qu'elle est fixée par la loi, et qu'elle n'est pas, dans la majeure partie des cas, laissée à l'appréciation du juge. Le chef d'industrie a donc la possibilité de calculer les risques courus dans les quatre catégories d'accidents et de s'en couvrir par l'assurance.

Nous verrons plus loin que le législateur ne s'en est pas tenu là et que, non content de reconnaître un droit à la victime, il a voulu lui permettre de l'exercer facilement :

1° *En simplifiant la procédure* (en cas d'incapacité temporaire, compétence illimitée des juges de paix en dernier ressort ; en cas de mort ou d'incapacité permanente, enquête judiciaire d'office par le juge de paix, procédure sommaire devant le tribunal, réduction des délais d'appel, arrêts rendus dans un délai préfixe) ;

2° *En accordant à tous les ouvriers blessés le bénéfice de l'assistance judiciaire*, ainsi qu'à leurs ayants droit (justice de paix, tribunal civil et acte d'appel) ;

3° *En exemptant des droits de timbre et d'enregistrement* tous les jugements et actes faits ou rendus en vertu et pour l'exécution de la loi ;

4° Enfin, en *faisant garantir par l'Etat* le paiement de la rente et en inscrivant le paiement de l'indemnité journalière au nombre des créances privilégiées.

Avant de passer à l'analyse de la Loi, nous désirerions persuader tous nos lecteurs de ce fait, qu'actuellement :

a) La loi du 9 avril 1898 est la seule qui régisse les rapports des ouvriers victimes d'accidents avec les chefs d'entreprise ou d'industrie (Tribun. Correct. de la Seine, 11° Chambre, 21 mars 1900. — Tribun. Civil de Dijon, 15 février 1900), (art. 2),

b) Toute convention contraire à la présente loi est nulle de plein droit (article 30), *c)* L'action en indemnité prévue par la loi se prescrit par *un an*, à dater du jour de l'accident, ou de la clôture de l'enquête par le juge de paix ou de la cessation du paiement de l'indemnité temporaire (article 18),

d) Enfin en l'absence de toute déclaration d'accident, la victime n'a aucune action en raison de l'accident (Trib. Civil, Lille, 28 décembre 1899 — Trib. Civil, Largentière, 5 avril 1900.)

Il est donc du plus haut intérêt pour la victime ou ses ayants droit,

de s'assurer d'abord que l'accident a été déclaré,

dans la négative, de faire une déclaration,

et de faire ensuite régulariser la situation de la victime ou de sa famile par une décision juridique afin de ne pas être exposés plus tard, les uns ou les autres, à de fâcheux déboires.

** * **

Il n'entre pas dans le cadre de cet ouvrage de donner ici un commentaire complet de la loi nouvelle. Outre qu'il exigerait de longs développements, il ne rendrait que peu de services à ceux qui liront ces pages — ouvriers, industriels, magistrats municipaux ou juges de paix. Ecartant donc toutes les discussions juridiques sans intérêt pratique, nous développerons simplement les explications que nous avons précédemment publiées au lendemain de l'application de la loi, en appuyant ce commentaire des décisions de la jurisprudence.

Pour plus de clarté nous étudierons dans une première section :

I. Le Domaine d'application de la Loi ;

puis dans les sections suivantes, et successivement :

II. Les Indemnités ;

III. La Prescription, la Compétence, la Procédure ;

IV. La Garantie et les Assurances ;

Conclusion.

SECTION I

Domaine d'application de la loi.

§ Ier — INDUSTRIES ASSUJETTIES (art. Ier)

La première question qui se pose est la suivante : Quelles sont les industries assujetties à la loi ? L'article Ier répond à la question. Il vise en effet :

1° L'INDUSTRIE DU BATIMENT (Taille de pierre, maçonnerie, charpente, couverture, peinture, plâtrerie, serrurerie, menuiserie, vitrerie, etc.), c'est-à-dire toutes les industries qui se rattachent d'une manière plus ou moins directe à la construction et à l'entretien des édifices ;

2° LES USINES ET MANUFACTURES. — La distinction entre ces deux catégories d'établissements est actuellement difficile à établir. Au sens de la loi du 9 avril 1898, elle présente d'ailleurs peu d'intérêt. On pourrait dire néanmoins que, en règle générale, la manufacture est l'établissement où la main d'œuvre domine et dans lequel s'opère la fabrication d'objets déterminés, l'usine servant plutôt à la préparation des matières premières en vue de leur application à des usages industriels (manufacture de chaussures, usine d'extraits tanniques).

Mais il ne semble pas que le législateur ait entendu restreindre la signification de ces deux mots.

« On peut penser, qu'en réalité, sous la rubrique générale « Usines » et « Manufactures », la loi désigne et assujettit indistinctement toutes les industries de transformation, quelle que soit la dimension, vaste ou restreinte, de leur cadre, quel que soit le nombre, considérable ou réduit, des ouvriers employés, du moment que s'y rencontrent, à l'état normal, un ouvrier et un patron liés par un contrat de travail, en vue d'une opération industrielle ». (1)

Il résulte de ces explications que les « **Ateliers** » *sont compris dans les mots « Usines et Manufactures ».*

On en a d'ailleurs la preuve dans les travaux préparatoires de la loi. — Si, à l'origine de la discussion, il y a vingt ans passés, l'idée de la loi fut suggérée par les dangers que faisaient courir aux ouvriers les nouvelles machines, cette idée s'est singulièrement élargie depuis. La différence entre les premiers et les derniers projets votés en est une preuve.

En 1895, le rapporteur de la Commission du Sénat disait : « Aujourd'hui, après 15 années d'études, on doit reconnaître que toute limitation entre les différentes industries serait absolument arbitraire, partant injuste ».

Le texte de la loi, à cette époque, excluait de son application les industries occupant au maximum trois, puis cinq ouvriers. « Mais cette unique exception a elle-même disparu du texte définitif et on ne voit pas de quelle autorité on pourrait l'y rétablir ». (2)

Dans la séance du 25 novembre 1895, le rapporteur du Sénat allait plus loin. Il disait : « Je tiens à rappeler au Sénat qu'en votant l'art. 1er, qu'il n'a adopté qu'à la suite de longs débats, il ne l'a fait qu'après avoir entendu sa Commission lui *déclarer de la façon la plus formelle que,* dans sa pensée, *l'industrie tout entière se trouvait englobée dans l'énumération de l'art. 1er.* Le texte de la Commission n'est pas *limitatif,* il est *énonciatif,* et toute l'*Industrie y est comprise...* Il est vrai qu'on s'est livré à l'énumération de certaines industries, mais il est aisé de comprendre le but unique et l'intérêt de cette énumération : elle a été faite parce qu'on a craint que ces industries ne pussent être considérées comme s'exerçant dans des manufactures, des usines, des chantiers ; tel aurait pu être le cas des entreprises de transport, de chargement et de déchargement, des magasins publics, des mines, minières et carrières ; le texte de

---

(1) Rapport présenté au Congrès International des accidents du travail et des assurances sociales (juin 1900), par M. Georges PAULET, Directeur de l'Assurance et de la Prévoyance sociales, au Ministère du Commerce.

(2) Georges PAULET, *loc. cit.*

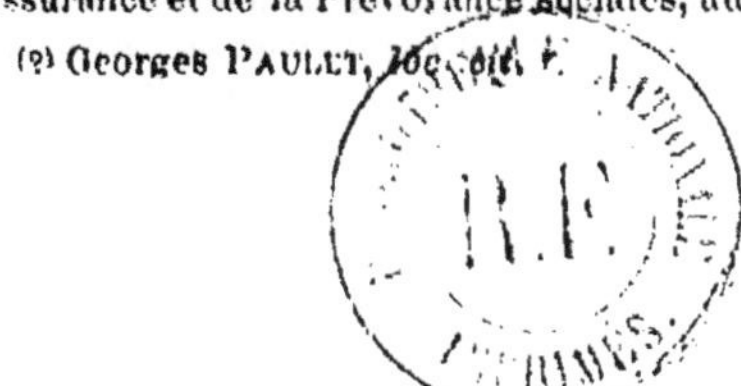

l'article 1ᵉʳ est donc aussi large que possible ». Plus tard, un autre rapporteur au Sénat disait : « Cette énumération renferme des termes qui embrassent presque toutes les professions » et sur l'interpellation d'un sénateur demandant : « Et les ateliers ? », il répondait : *Les ateliers sont compris dans les mots usines et manufactures.* »

Cette interprétation est celle de l'Administration du Ministère du Commerce. Et elle est conforme à l'équité et au bon sens. Que deux ateliers similaires aient l'un 21 ouvriers et l'autre 20 seulement (pour donner au mot manufacture le sens étroit qui lui est accordé par d'autres dispositions législatives), il en résulterait que dans le premier les ouvriers, en cas d'accident, seraient protégés par la loi, alors qu'ils ne le seraient pas dans le second. Et pourtant dans les deux cas, les risques seraient identiques. Bien mieux, si un ouvrier quittait le premier établissement pour entrer dans le second, il en résulterait que leur situation respective serait intervertie au point de vue de l'assujettissement à la loi.

D'ailleurs, les décisions du Comité consultatif des assurances contre les accidents du travail sont venues confirmer le bien-fondé de l'assujettissement, par voie d'extension, de tous les ateliers à la loi nouvelle. Dans divers avis, il a décidé que les établissements où s'exercent les professions suivantes, dont les ouvriers *concourent à une fabrication industrielle,* sont des manufactures au sens de la loi du 9 avril 1898 :

Couturiers, fabricants de dentelles et de broderies à la main, fabricants de caisses d'emballage, peintres en voitures, carrossiers, selliers, ébénistes, tapissiers-fabricants, sécheurs de morues. Au surplus, l'annexe I à la circulaire du Ministre du Commerce du 8 juin 1901, établie après avis du Comité consultatif, donne une liste complète de toutes les professions considérées par l'Administration comme assujetties à la loi du 9 avril 1898. (1)

Enfin, il est possible d'ajouter que les tribunaux ont en général adopté cette manière de voir en décidant que les « ateliers » étaient soumis à loi :

---

(1) Il est évident qu'au point de vue juridique, ces avis n'ont aucune puissance, car ils ne peuvent s'imposer ni aux assujettis, ni aux juges. Mais ces avis donnés par des hommes de la plus haute compétence, et basés sur la discussion de la loi et sur les travaux préparatoires, peuvent rendre les plus grands services aux intéressés et même aux tribunaux en leur montrant ce que doit être l'application de la loi dans l'esprit même du législateur.

Ainsi, le maréchal-ferrant est assujetti à la loi (Cour d'Appel de Lyon, d'Angers — Tribunal Civil d'Aix, 13 mars 1900 — Justice de paix de Courbevoie, 8 mai 1900).

Il est vrai que d'autres arrêts, antérieurs aux deux premiers, ont donné une solution contraire.

D'après les Tribunaux, le charron est soumis à la loi du 9 avril 1898.

Il en est de même de l'entrepreneur de laiterie (Tribunal Civil de Rochefort, 6 mars 1900).

Au contraire, d'après le Tribunal Civil de Coutances (12 avril 1900), le patron d'un petit atelier de serrurerie ne serait pas soumis à la loi, et d'après le Tribunal Civil de Cognac (3 avril 1900), la même solution s'appliquerait à l'atelier de tonnellerie.

Ces décisions contradictoires nous montrent que si, conformément aux vues du législateur, il y a une tendance à comprendre les ateliers dans les établissements (manufactures) visés par la loi de 1898, cette tendance est loin d'être générale. Seules, les décisions de la Cour de Cassation, quand elles seront plus nombreuses, permettront de déterminer sûrement le domaine d'application de la loi et par cela même de mieux voir les lacunes de cette législation. (1)

Ainsi la Cour Suprême (Chambre Criminelle) par un arrêt du 20 juin 1902, vient de décider que le *marchand de peaux, chiffons, os et métaux*, qui ne fait subir à la matière première aucune transformation pour l'approprier à son commerce, mais qui se contente d'en faire exécuter le triage, n'est pas soumis à la loi sur les accidents.

En attendant des décisions d'espèces, ou une modification de l'article premier, il est bon que tous les industriels dirigeant un atelier, quelle que soit son importance, se considèrent comme soumis à la loi.

Cette manière de procéder, qui ne leur causera que peu d'inconvénients, pourra, en cas d'accident, leur rendre les plus grands services, puisqu'elle leur aura permis de. se garantir par l'assurance (déclaration obligatoire).

Enfin, le Conseil d'État, saisi de la question par application de l'article 25, décida que les fabricants de fleurs artificielles et les modistes ne sont point assujettis à la taxe additionnelle

---

(1) Rappelons que le Ministère du Commerce vient de faire éditer 4 volumes (1900-1901. Imprimerie Nationale) des décisions les plus importantes des Tribunaux français.

à la patente pour fonds de garantie, la nature des opérations effectuées par eux et les conditions de leur exploitation ne permettant pas de considérer leurs établissements comme des manufactures, au sens de l'article premier. Mais ajoutons que ces décisions de la justice administrative ne préjugent en rien des décisions de la justice ordinaire, et qu'il est fort possible que les tribunaux civils ou d'appel décident en sens contraire.

Remarque : ATELIERS DE L'ALIMENTATION. — Des avis du Comité consultatif des assurances contre les accidents du travail, il résulte que certains établissements, non soumis aux lois qui régissent les autres établissements industriels (durée du travail, hygiène, sécurité, etc.), sont néanmoins assujettis à la loi du 9 avril 1898 « toutes les fois que leur exploitation n'est pas exclusivement limitée au débit de produits reçus tous préparés pour la vente » : par exemple, les *Boucheries avec tueries, les Boulangers-Fabricants, les Charcutiers-Fabricants.*

A ce sujet, les décisions de Tribunaux ont été partagées. Le tribunal du juge de paix de Fougères (1901) a décidé que le boucher était soumis à la loi.

Deux justices de paix de Paris ont donné une solution contraire (XI° arrondissement, 2 mai 1900 — VIII° arrondissement, 20 décembre 1900).

Le juge de paix de Montauban (23 juillet 1900) a décidé que le boulanger était assujetti à la loi. Solution contraire (justice de paix, Paris VIII° arrondissement, 22 mars 1900).

8° LES CHANTIERS de toutes sortes, — c'est-à-dire, non pas comme on serait tenté de le croire au premier abord, les chantiers de construction ou d'approvisionnement de matériaux de construction (travaux publics ou privés — terrassement, construction d'édifices, de routes, de voies ferrées, etc.) déjà compris dans l'expression générale « industrie du bâtiment » (avis du Comité consult. du 21 juin 1899), mais, au contraire, les réunions de matériaux, d'approvisionnements de toute espèce qui, par l'amas des produits, par l'importance des opérations de chargement et de déchargement, de manutention, exposent les ouvriers qui y sont employés aux mêmes risques que les chantiers du bâtiment : *chantiers de bois* même sans sciage permanent, *approvisionnements en gros de charbons, de fer, de vins,* etc.

A ce sujet, il n'est pas sans intérêt de citer les arrêts suivants :

a) Le mot « **chantier** » de la loi (art. 1ᵉʳ) comprend les chais des *marchands de vins en gros* (simple police, Pantin, 17 avril 1900. — Tribunal de Commerce de la Seine, 27 avril 1900, — Cour d'appel, Paris, 5 janvier 1901).

b) Quand les manipulations effectuées dans une *entreprise commerciale pour la réception, l'emmagasinement, le conditionnement, l'expédition et la livraison* de marchandises d'un poids considérable exposent des ouvriers à un ensemble de risques professionnels de même nature que ceux qui se rencontrent à la fois dans *les chantiers,* les entreprises de chargement et de déchargement et les magasins publics, quand ce caractère industriel est confirmé par la disposition des locaux, le nombre des ouvriers, l'importance de l'aménagement des approvisionnements, l'établissement doit être classé parmi les « **CHANTIERS** » auxquels s'applique la loi du 9 avril 1898. Les considérants de cette décision de la Cour d'Appel de Paris (7ᵉ chambre — 12 janvier 1901) s'appliquent avec la même force à toutes les entreprises commerciales analogues.

Par contre, des décisions antérieures de divers tribunaux (Cour d'Appel, Dijon, 13 juin 1900, — Tribunaux civils de Chartres, 8 août 1900, de Narbonne, 23 octobre 1900, de Perpignan, 4 décembre 1900), ont décidé que les marchands de vins en gros n'étaient pas assujettis à la loi.

c) L'entreprise d'affichage et d'annonces n'est pas un chantier (ni une manufacture) et n'est pas soumise à la loi.

d) L'exploitation d'une coupe de bois constitue un chantier (Tribunal civil de Tulle, 29 mai 1900, — Cour d'Appel de Limoges, 7 novembre 1900).

e) Les établissements des marchands de bois sont des chantiers au sens de la loi. (Tribunal civil de la Seine, 3 octobre 1900).

f) Par contre, l'élagage des arbres est un travail agricole, et n'est pas régi par la loi du 9 avril 1898 (Cour de Cassation, 8 mai 1901).

Des solutions analogues (assujettissement à la loi de 1898) sont intervenues pour les chantiers de marchands de charbons en gros, les entrepôts de pétrole, etc.).

14° LES ENTREPRISES DE TRANSPORT PAR TERRE OU PAR EAU. — (camionnage, déménagements, transport par voies ferrées, navigation fluviale, navigation maritime pour les non-inscrits maritimes employés à bord des bâtiments de commerce et pour les inscrits maritimes en dehors de l'embarquement, mais au cours des travaux visés par la loi, flottage des bois, transport des voyageurs par les hôteliers). Mais, pour que l'assujettissement de l'entreprise soit de fait, il faut qu'il y ait véritablement *entreprise de transport*, c'est-à-dire transport pour le compte d'autrui (1er cas). Néanmoins, il est un cas où bien qu'il n'y ait pas entreprise de transport au sens que nous venons de lui donner, les transports effectués sont soumis néanmoins à la loi. C'est celui d'un industriel qui, assujetti déjà à la loi à raison de son industrie principale, exécute néanmoins des transports pour son propre compte (manufacturier, entrepreneur de constructions, etc.)

Ses transports privés, pour les besoins de son exploitation, sont une dépendance de son industrie principale et les ouvriers qui y sont affectés sont garantis par la loi, bien qu'il n'y ait pas transport pour le compte d'autrui (2e cas).

Par contre, les transports exécutés pour son propre compte par un chef d'établissement non soumis à la loi, ne rentrent pas dans la catégorie des entreprises de transport, et comme tels ne sont pas visés par la loi de 1898 (3e cas).

EXEMPLES (3e cas). Le négociant en paille et en fourrages n'est pas assujetti, même à raison des accidents survenus aux ouvriers continuellement employés chez lui, comme chargeurs, charretiers (Trib. Civil, Apt, 6 mars 1900).

(1er cas). Les entreprises de transport qui rémunèrent les cochers qu'elles emploient par les salaires dits « à la moyenne » sont responsables, aux termes de la loi, des accidents survenus à leurs cochers. (Justice de Paix, Paris, 3e arrondissement, 7 juin 1900).

(3e cas). L'entrepreneur de vidanges n'est pas assujetti (Trib. Civil, Pontoise, 21 mars 1900).

— 23 —

(*2ᵉ cas*). L'accident survenu a l'aide-cocher-livreur au
service d'une entreprise industrielle est régi par la loi du
9 avril 1898 (manufacture de St-Denis), (Cour d'appel, Paris,
15 décembre 1900).

5° LES ENTREPRISES DE CHARGEMENT ET DE DÉCHARGEMENT.
Ces entreprises s'exercent principalement dans les ports
maritimes ou fluviaux.

6° LES MAGASINS PUBLICS. — Il faut entendre par ce
mot : magasins publics, les « docks, magasins généraux,
monts-de-piété, salles de vente publiques, entrepôts de
douane » (1).

7° LES MINES, MINIÈRES OU CARRIÈRES. — Il n'y a aucune
distinction à ce point de vue dans la loi entre les carrières
souterraines et les carrières à ciel ouvert. — (Voir loi du
21 avril 1810, articles 1 à 4, pour la définition légale de
ces exploitations).

8° LES EXPLOITATIONS OU PARTIES D'EXPLOITATION DANS
LESQUELLES SONT *fabriquées* OU *mises en œuvre* DES MATIÈRES
EXPLOSIVES. — Par ces expressions il faut entendre les
industries, ou les manipulations industrielles d'explosifs. Il
ne suffirait pas, en effet, pour qu'un établissement soit soumis
à la loi qu'on y fît simplement usage de matières explosives :
éclairage au gaz, à l'acétylène, par exemple. Il faut qu'il y ait
un travail industriel dans lequel ces substances jouent un rôle
soit dans la fabrication, soit dans la transformation des
produits.

PARTIE D'EXPLOITATION. — Il paraît utile de définir ce
qu'il faut entendre légalement par partie d'exploitation. Dans
un avis du 7 mars 1900, le Comité consultatif a émis l'opinion
que : « lorsqu'un établissement..... fait usage d'une machine
« mue par une autre force que celle de l'homme ou des
« animaux, il est responsable des accidents survenus à tout
« son personnel, à moins qu'une portion de ce personnel ne
« soit confinée dans des *parties d'exploitation* indépendantes
« de celle qui utilise la machine. » En somme, tous les
ouvriers d'une exploitation sont soumis à la loi, à moins
qu'une partie d'entre eux ne soient effectivement séparés des
autres. Il y a là une certaine analogie avec l'expression
« mêmes locaux » employée par la loi du 30 mars 1900
et définie par la Cour de Cassation.

____

(1) Circulaire du Garde des Sceaux aux Procureurs Généraux, en date du
10 juin 1899.

9° LES EXPLOITATIONS OU PARTIES D'EXPLOITATION DANS LESQUELLES IL EST FAIT USAGE D'UNE MACHINE MUE PAR UNE FORCE AUTRE QUE CELLE DE L'HOMME OU DES ANIMAUX.

La remarque que nous avons faite relativement à l'expression « partie d'exploitation » dans le paragraphe précédent (8°) s'applique également à celui-ci, qui était même plus spécialement visé.

Rentrent particulièrement dans cette catégorie toutes les exploitations commerciales et agricoles avec moteur inanimé (à vapeur, à gaz, à pétrole, à alcool, moteur hydraulique, etc.), qui, sans cette particularité d'usage d'un moteur, ne seraient pas soumises à la loi, quel que soit l'usage d'ailleurs auquel est employé le moteur (éclairage, fonctionnement d'un monte-charge, d'un ventilateur, battage, nettoyage de grains, etc.).

La question des travaux agricoles exécutés à l'aide d'un moteur étant très importante, et, de plus, les accidents qui y surviennent étant régis par une loi spéciale (30 Juin 1899), nous donnons ci-dessous, à ce sujet, quelques explications complémentaires.

Travaux agricoles.

La loi du 9 avril 1898 avait prononcé l'assujettissement des travaux agricoles avec moteur, mais, c'est la loi du 30 juin 1899 qui a réglé les conditions de cet assujettissement.

La loi du 30 juin 1899 a modifié les principes généraux de la loi de 1898 :

1° En transportant sur la tête de l'exploitant du moteur les responsabilités qui, sans cela, seraient retombées sur le chef de l'exploitation agricole ;

2° En admettant au bénéfice de la loi, non seulement les ouvriers salariés, mais encore les ouvriers non salariés, c'est-à-dire les cultivateurs, amis ou voisins, qui, à charge de réciprocité, viennent aider au battage des grains à la vapeur, par exemple.

En résumé, ce n'est pas l'exploitation agricole proprement dite qui est responsable en tant qu'exploitation agricole, mais bien l'exploitation industrielle du moteur inanimé, les deux exploitations pouvant d'ailleurs être dirigées par la même personne.

En dehors de ce cas d'emploi de moteur inanimé, l'agriculture n'est pas soumise à la loi du 9 avril 1898. Il en résulte que tous les accidents survenus dans une exploitation agricole sont régis par le droit commun (art. 1382 et suivants du Code civil, responsabilité délictuelle — preuve de la faute du patron).

§ 2. DES ACCIDENTS DU TRAVAIL.

(Art. 1 et 20).

De même que la loi ne s'applique qu'aux établissements industriels (sauf l'exception prévue pour les établissements agricoles ou commerciaux avec moteur), de même elle ne vise aussi que :

les accidents survenus par le fait ou à l'occasion du travail.

Quelques exemples pris parmi les décisions de juris-prudence vont nous montrer ce qu'il faut entendre par ces expressions :

a) L'accident *survenu pendant le travail* est présumé accident du travail jusqu'à la preuve contraire qui est à la charge du patron. (Ouvrier tisseur décédé des suites d'une chute produite, d'après l'ouvrier, par un engrenage ayant pris le bas de son pantalon, et, d'après le médecin, par une crise épileptiforme, d'origine alcoolique) (Cour d'Appel d'Amiens, 26 juin 1900, et Tribunal civil de Saint-Quentin, 7 mars 1900).

L'arrêt se base sur ce fait que : « le législateur a substitué au régime de la responsabilité, fondée sur l'idée de faute délictuelle ou contractuelle, le risque professionnel : que, d'après la nouvelle théorie, c'est toujours *au patron à démontrer* que l'accident n'est pas survenu du fait ou à l'occasion du travail ; que, si *la cause en demeure inconnue, la réparation* du dommage *est due par le patron.* » Ont jugé de même les tribunaux de Lorient (26 juin 1900) et de Brive (1ᵉʳ août 1900).

b) L'accident survenu à l'ouvrier qui se blesse en circulant, même imprudemment dans un chantier de construction, soit pendant son travail, soit lorsqu'il s'y rend ou qu'il le quitte, est un accident du travail, parce que c'est le travail et non un autre motif qui a été la cause de cette circulation ou qui en a été tout au moins l'occasion. (Cour d'Appel, Besançon, 24 octobre 1900).

c) L'accident survenu *sur le lieu du travail*, durant une interruption régulière, momentanée, et pendant laquelle l'ouvrier reste soumis aux règlements du chantier, est un accident du travail (ouvrier chauffeur écrasé par un fourgon en marche, pendant les deux heures de repos réglementaires du milieu de la nuit). (Cour d'Appel, Rouen, 28 février 1900). Mêmes solutions (Trib. civil de Saint-Etienne, 29 octobre 1900. — Cour d'Appel de Rouen, 26 décembre 1900)).

d) D'un jugement du Tribunal civil de Rochefort, il résulte (6 mars 1900) que l'arrimeur-convoyeur d'une entreprise de laiterie, blessé dans la gare où il devait se livrer à des chargements de beurre, est victime d'un accident du travail, attendu : « qu'il serait non seulement contraire à l'esprit de la loi, mais aussi particulièrement arbitraire, de limiter le risque professionnel aux travaux qui s'accomplissent uniquement dans l'intérieur d'un établissement industriel : que l'ouvrier qui exécute, hors de l'atelier, un travail commandé, peut être exposé, par ce travail ou à l'occasion de ce travail, à certains risques professionnels contre lesquels il eût été injuste de ne pas le protéger; enfin, que le lieu du travail, pour l'ouvrier et l'employé, doit s'étendre partout où il travaille pour le compte et sur l'ordre du chef d'entreprise ».

e) Mais par contre, il a été jugé plusieurs fois que l'accident survenu à un ouvrier de l'industrie employé à un travail étranger à sa profession (exemple : ouvrier transportant des instruments de vendange, ou encore, employé briquetier occupé à repeindre un mur), n'était pas régi par la loi du 9 avril 1898. Cette interprétation de la loi nous paraît un peu forcée, et il est à désirer qu'elle ne se généralise pas. Si l'ouvrier est blessé en travail commandé, alors même qu'accidentellement ce travail n'est pas un travail industriel, étant donné, surtout, qu'il est plus exposé à se blesser en général dans un travail qu'il ne connaît pas, il nous semble bien qu'il doit avoir droit à une indemnité.

f) Dans deux arrêts différents, du 23 avril 1902, la Cour Suprême a jugé : que l'accident survenu dans le lieu et à l'heure du travail, et dû au défaut d'éclairage du chantier, est un accident du travail, et qu'il en est de même pour l'accident survenu à une ouvrière travaillant à la place qui lui était assignée et blessée par un projectile lancé par une autre ouvrière.

Accident survenu pendant que l'ouvrier se rend à son travail ou à son domicile. — Un tel accident n'est pas considéré, en général, comme accident survenu par le fait ou à l'occasion du travail.

Ainsi, le Tribunal civil de Grenoble (27 juin 1900) a décidé que l'ouvrier frappé par un accident en se rendant, à la fin de la journée, de l'usine à son domicile, n'était pas victime d'un accident du travail, alors même qu'il avait été chargé par le patron de transporter sur une brouette un sac de charbon à une ouvrière malade (ouvrier écrasé par un tramway), car, dit-il, le législateur, dans l'article 1er, a exclu les accidents dont l'ouvrier est victime en se rendant soit de son domicile à l'atelier ou à l'usine, soit de l'atelier ou de l'usine à son domicile.

De même, le Tribunal civil de Laval (29 juin 1900) a jugé que l'ouvrier qui se rendait à son chantier en suivant la voie ferrée, et qui a été blessé par un train en marche, trois quarts d'heure avant l'ouverture du chantier et à trois kilomètres de ce chantier, n'était pas victime d'un accident se rattachant aux risques professionnels qu'il pouvait subir dans l'entreprise.

Même jugement (Tribunal civil de Versailles, 25 janvier 1900).

De ce qui précède on peut conclure, ainsi que le disait, en juin 1900, M. Georges Paulet, Directeur de l'Assurance et de la Prévoyance sociales au Ministère du Commerce, que : « *depuis le moment où l'ouvrier arrive à l'atelier pour se mettre à la disposition du chef d'entreprise, jusqu'au moment où il reprend sa liberté, il est couvert par la loi, quel que soit le lieu du travail, ou la nature de l'accident.* »

Et, nous devons nous appesantir sur ce point : qu'il soit blessé au siège de l'entreprise, chez un client, pendant une course commandée, « qu'il soit victime de son propre travail ou de celui d'autrui (1), d'un fait inévitable ou évitable, d'un accident inhérent à l'industrie ou qui eût pu pareillement se produire un jour de chômage, que sa prudence et sa vigilance soient à l'abri de toute critique, ou qu'on puisse

---

(1) Le Tribunal civil de Valenciennes (25 mai 1900), puis la Cour d'Appel de Douai (7 août 1900), ont déclaré qu'il n'est pas nécessaire que l'accident soit la conséquence du travail propre de la victime, qu'il peut utilement, pour l'application de la loi, se produire par le fait des autres ouvriers (ou même des machines) dont le patron est appelé à répondre. — (Ouvrière blessée à l'œil par le jet d'un morceau de verre par une autre ouvrière travaillant à côté d'elle, jet exécuté soit par imprudence, soit par méchanceté.)

lui imputer telle méconnaissance du péril, telle manœuvre hâtive, telle curiosité téméraire, que n'explique que trop, après tout, l'habitude professionnelle du danger, il suffit dans tous les cas que l'accident survienne « à l'occasion du travail » pour qu'il soit en principe « à la charge du chef d'entreprise ». » (1) (2)

Caractère de l'accident du travail. — D'après M. le Garde des Sceaux, l'accident professionnel, tel qu'il faut l'entendre, consiste dans une lésion corporelle provenant de l'action soudaine d'une cause extérieure. Cette définition parait bien comprendre, dans l'état de la législation, tous les cas prévus et régis par la loi du 9 avril 1898.

Ainsi les **maladies professionnelles** causées par les mauvaises conditions dans lesquelles s'exécute le travail (air vicié, saturnisme dans les industries du plomb, hydrargisme dans celles du mercure, arsenicisme, nécrose phosphorique, sulfocarbonisme, etc., etc.), ne donnent pas à l'ouvrier qui en est atteint le droit de réclamer une indemnité.

Là où il y a intoxication progressive mais constante, affaiblissement lent mais continu, il n'y a pas, à proprement parler, accident du travail. (3)

Au contraire, si l'intoxication est subite (absorption d'une substance vénéneuse, en dehors de l'absorption progressive dont nous venons de parler, asphyxie, etc.), il y a accident du travail, et partant droit à l'indemnité.

QUELQUES EXEMPLES. — 1° Le **Durillon forcé** (durillon enflammé à la suite d'une lésion produite par l'action soudaine et violente d'une force extérieure), n'est pas une maladie professionnelle, mais bien un véritable accident du travail. (Justice de paix, Paris XVIII° arrondissement, 22 août 1900).

---

(1) Georges PAULET, *loc. cit.*

(2) L'accident survenu à la suite d'un pari n'est pas un accident du travail (Tribunal civil, Brive, 23 mai 1900).

Il en est de même de l'accident provoqué par une rixe, même sur le lieu du travail, — ainsi que de celui qui a été provoqué par la curiosité de la victime. Cette dernière décision nous parait grave, car, d'une part, la curiosité de la victime déterminant l'accident nous parait difficile à déterminer elle-même, et, d'autre part, cette curiosité peut découler du désir de l'ouvrier de chercher à connaître des choses qu'il ignore et qui peuvent lui être d'une utilité incontestable dans sa profession.

(3) Dans un avis du 28 novembre 1900, le Comité consultatif a décidé que l'accident le plus léger survenu par le fait du travail ou à l'occasion du travail, est régi par la loi de 1898, quelque aggravation que subisse cet accident initial, notamment du fait de l'insalubrité ou de l'infection de l'industrie.

2° L'accident connu sous le nom de « **Coup de Fouet** » (épaule déplacée et nerf forcé sous l'action soudaine et violente d'une cause extérieure, de lésions de l'organisme) est également un accident du travail. (Même Tribunal, 19 septembre 1900).

3° La **Hernie** est, selon les circonstances, un accident professionnel ou une maladie constitutionnelle ordinaire.

Deux cas sont à considérer :

a) La **Hernie de force**, occasionnée par une chute, un effort plus ou moins prolongé pendant le travail, a été considérée par les Tribunaux comme un accident du travail, — alors même qu'une pointe de hernie pouvait exister précédemment, et être l'origine certaine de la hernie provoquée par le travail, — si la relation de cause à effet est établie (Nancy, 21 mai 1900 — Valenciennes, 26 juillet 1900. — Lille, 8 novembre 1900); mais l'ouvrier, ajoutent certains Tribunaux, doit prouver, pour obtenir les indemnités fixées par l'article 3, que la hernie est la conséquence de son travail. En particulier, l'ouvrier n'a droit à aucune indemnité s'il ne peut déterminer le moment d'apparition de la hernie, ni dire au cours de quel travail elle s'est produite.

b) La hernie constitutionnelle, apparaissant sans qu'on puisse déterminer si un accident l'a produite, **n'est pas**, en conséquence, un accident du travail (**hernie de faiblesse**).

Il est donc nécessaire que l'ouvrier qui fait un effort, qui ressent une douleur en soulevant un fardeau trop lourd, en effectuant des travaux trop pénibles, en avise à la fois ses camarades et son directeur, patron ou contre-maître, et qu'ensuite il subisse une visite médicale. Cela, afin d'éviter des contestations, aussi gênantes pour l'ouvrier que pour l'industriel.

Cas fortuits et Cas de force majeure.

Dans les cas fortuits, qui précisément ont été l'une des raisons déterminantes de l'admission du principe du risque professionnel, l'ouvrier a droit aux indemnités fixées par la loi.

Il n'en est pas de même dans les cas de *force majeure*, du moins d'après les décisions juridiques.

Au nombre des cas de force majeure, il faut citer :

La Foudre; l'ouvrier foudroyé pendant son travail n'a pas été victime d'un accident du travail, car, dit le Tribunal civil de Bourg (30 janvier 1900), la loi du 9 avril 1898 n'a entendu protéger que le risque inhérent au fait même de la profession industrielle;

L'Incendie; excepté évidemment quand ce sinistre s'est déclaré dans le lieu même où était employé l'ouvrier. Ainsi l'ouvrier (ouvrier maçon travaillant dans une brosserie) qui de son propre mouvement se rend sur le théâtre de l'incendie et est ainsi victime de son dévouement au cours des travaux de sauvetage, n'est pas couvert par la loi ;

La Chute d'un Objet déterminée par la tempête ; un gardien d'usine écrasé pendant son sommeil par la chute d'une cheminée d'usine, chute occasionnée par l'ouragan qui s'est fait sentir dans la localité en causant des ravages considérables, n'est pas victime d'un accident professionnel. (Nantes, 7 Mai 1900) :

L'Insolation (Trib. Civil de Bayonne, 20 mars 1900. — Rennes, 23 mars 1900);

L'Inondation :

Le Tremblement de terre.

Autres Conditions nécessaires
pour que l'accident professionnel donne droit
aux indemnités légales.

Il n'est pas suffisant pour que l'accident donne droit à indemnités qu'il présente le caractère d'accident professionnel, et qu'il soit survenu par le fait du travail ou à l'occasion du travail dans l'une des industries désignées à l'article 1er, il faut encore qu'il ait occasionné une incapacité de travail de plus de quatre jours.

Seuls, ces accidents sont, en effet, visés par la loi. On a pensé que, du moment que l'indemnité à accorder à l'ouvrier était transactionnelle et forfaitaire, il était possible de mettre hors du forfait les petites incapacités (de quatre jours au maximum), très nombreuses dans l'industrie, mais d'une importance minime quant aux résultats. Il en est d'ailleurs ainsi dans un certain nombre de Sociétés de Secours mutuels.

Mais ce qui est plus grave et qui mérite de retenir notre attention, c'est que, dans le cas d'incapacité de plus de quatre jours, il serait juste d'accorder à la victime l'indemnité journalière à partir du premier jour et non à partir du cinquième. Dès l'instant que l'accident est grave, la crainte que l'on pouvait peut-être éprouver de voir se multiplier les demandes d'indemnités (accidents de moins de quatre jours), n'a plus de raison d'être, et il serait équitable qu'une disposition légale vînt décider que, pour les accidents de plus de quatre jours, les indemnités seront payées à partir du premier jour de l'accident. (Le 3 juin 1901, la Chambre des Députés a voté une disposition de cette nature qui n'a pas encore été sanctionnée par le Sénat).

Enfin, dernière condition, il est nécessaire pour créer un droit à l'indemnité, que l'accident n'ait pas été *intentionnellement provoqué* par la victime. Dans ce cas, l'ouvrier n'a droit à aucune indemnité; l'accident n'est pas un accident du travail. Ce cas sera évidemment fort rare, mais il était bon qu'il fût prévu. — Dans le cas de *faute inexcusable* de l'ouvrier, le droit à l'indemnité ne disparaît pas; il est seulement restreint.

Par analogie, dans le cas de faute inexcusable du patron, les rentes sont majorées sans toutefois pouvoir dépasser le montant de la rétribution effective de la victime. Nous étudierons plus en détail ces deux questions au chapitre des indemnités.

REMARQUE. — **Ouvrier blessé par le fait d'une personne ne dépendant pas de l'entreprise.** — Dans le cas où il est établi que l'accident est le fait d'un tiers, étranger à l'entreprise, l'ouvrier a le choix entre deux actions : l'action de la loi-accidents, contre son patron, et l'action en dommages-intérêts contre le tiers-auteur. (Justice de paix, Neuilly, 3 janvier 1900). Il est bien évident qu'en raison des facilités que lui offre la loi de 1898, l'ouvrier a souvent intérêt à exercer uniquement son action en vertu de cette dernière loi seule, car il est évident qu'il ne peut exercer cumulativement les deux actions. Dans ce cas, le patron a le droit d'exercer des poursuites contre le tiers-auteur, et son action « pourra être exercée indépendamment de toute demande en indemnité de l'ouvrier, même avant cette demande » (Trib. civil, Seine, 13 février 1900); le patron, ainsi subrogé aux droits de son ouvrier, devra agir contre le tiers-auteur par voie directe et principale et non par voie de recours (Seine, 18 septembre 1900. — Le Hâvre, 22 juin 1900). Il en résulte que le patron recevra une indemnité égale au dommage réel causé à l'ouvrier (perte totale du salaire, frais médicaux et pharmaceutiques, etc.) supérieure, par conséquent, aux indemnités reçues par l'ouvrier, en vertu de la loi-accidents. Il paraît logique que la différence soit versée à ce dernier par son patron.

§ 3. — DES PERSONNES RESPONSABLES ET DES VICTIMES. (Art. 1, 2, 3, 32).

Les personnes responsables sont évidemment celles qui recueillent les bénéfices de l'exploitation industrielle, que ce soient des entreprises privées ou des entreprises de l'État, des départements ou des communes, quel que soit d'ailleurs le nombre d'ouvriers employés (petit patron avec un ouvrier ou société anonyme importante, en occupant quelques milliers). La seule condition c'est :

qu'elles dirigent une des industries ou exploitations assujetties et désignées à l'art. 1er,

et que de plus, elles soient véritablement *les patrons de la victime.*

En cas de contestation, l'ouvrier doit prouver que la personne qu'il poursuit était son patron (Tulle, 12 juillet 1900).

Cette dernière condition est habituellement bien déterminée dans les usines, manufactures, ateliers, mines, etc., magasins publics, etc., etc.; mais il n'en n'est pas de même, en général, dans les entreprises du bâtiment. En raison de la diversité des travaux, qui sont quelquefois rédartis entre divers sous-entrepreneurs, tâcherons, ou même confiés à des ouvriers travaillant seuls, dans des conditions bien diverses, il se présente souvent des contestations sur la détermination du véritable employeur, du patron responsable, en un mot. Quelques décisions de jurisprudence vont nous permettre d'éclaircir cette question.

a) N'est pas un *chef d'entreprise* et par suite n'est *pas responsable* des accidents survenus aux ouvriers qu'il emploie celui qui, bien qu'embauchant, dirigeant et surveillant des ouvriers et leur payant leur salaire, ne *participe ni au profit ni à la perte......,* qui se borne à remettre aux ouvriers et intégralement sans en rien retenir les sommes qu'il reçoit de la Société, et qui ne retire de son travail que le salaire fixe qui lui était alloué, car, ces diverses conditions sont exclusives du contract d'entreprise, et, au contraire, essentiellement caractéristiques de l'état d'ouvrier ou d'employé. (Tribunal d'Arras, 2 mai 1900. — Cour d'Appel de Douai, 25 juillet 1900).

b) De même, n'est pas *chef d'entreprise*, l'ouvrier qui, bien que dirigeant un certain nombre d'ouvriers dans l'exécution d'un travail pour un tiers (Compagnie de chemins de fer), reste lui-même sous les ordres et l'autorité du patron. (Rouen, 22 juin 1900) ; solution analogue (Tulle, 29 mai 1900).

c) Ne sont pas *chefs d'entreprise*, les deux ouvriers scieurs qui se sont associés pour exécuter pour un tiers, et aux pièces, un travail déterminé, lors même qu'ils pouvaient se faire aider par des ouvriers de leur choix, étant donné surtout que le patron effectif avait indiqué les conditions et les dimensions des pièces débitées, qu'il venait de temps à autre surveiller le chantier et même y travailler (Saint-Yrieix, 31 octobre 1900).

d) Au contraire, l'entrepreneur ou chef d'industrie est celui qui paye une patente, *fournit les matériaux*, et dirige lui-même le travail (Sarlat, 27 novembre 1900).

Ainsi, l'ouvrier charpentier, embauché par un entrepreneur pour établir la charpente d'une maison et payé aux pièces pour ce travail, n'est évidemment pas un patron au sens de la loi, puisqu'il ne participe pas aux bénéfices de l'entreprise : s'il est blessé au cours du travail, c'est l'entrepreneur général qui est responsable. (1)

Responsabilité des Administrations publiques.

Ainsi que le reconnait M. le Garde des Sceaux (circulaire du 10 juin 1899), la loi s'applique à toutes les entreprises (visées dans l'art. 1er) de l'État, des départements, des communes et des établissements publics. En effet, que les travaux que ces personnes morales exécutent soient faits après adjudication par l'entreprise privée, ou en régie sous la surveillance de fonctionnaires spéciaux (agents voyers, etc.), il n'en est pas moins vrai que les ouvriers y sont soumis aux mêmes risques dans l'un comme dans l'autre cas, et qu'il serait anormal de laisser à la commune, au département, ou à l'État, le droit de décider que la loi serait ou non applicable aux ouvriers employés, selon le mode choisi pour l'exécution des travaux.

---

(1) Dans un arrêt du 6 août 1902, la Chambre civile de la Cour de Cassation vient de décider que la loi du 9 avril 1898 n'était pas applicable aux ouvriers scieurs de long « travaillant à leurs pièces, à leur gré, comme ils l'entendaient, sans prendre l'avis de personne », attendu que ces ouvriers ne se trouvaient pas, vis-à-vis du patron « pour l'exécution de leur tâche, dans l'état de dépendance que suppose la loi du 9 avril 1898 ».

Le Tribunal de la Seine a confirmé cette interprétation (7 juillet 1900), sanctionnée depuis par la loi du 22 mars 1902 qui, en décidant que l'article 55 de la loi du 10 août 1872 et l'article 124 de la loi du 5 avril 1884, ne sont pas applicables aux instances suivies contre les départements ou les communes, en exécution de la présente loi, a reconnu explicitement leur assujettissement à la loi-accidents. — Il résulte de plus de ce texte nouveau que la procédure à suivre dans les instances contre les administrations publiques, l'Etat, le département, la commune, est la même que dans les instances ordinaires.

En règle générale, on peut néanmoins dire que la responsabilité professionnelle n'atteint que les chefs d'entreprise exploitant une industrie en vue d'en tirer des bénéfices.

Il en découle, par exemple, que le chef d'un laboratoire annexé à une école n'est pas soumis à la loi.

Ouvriers travaillant seuls d'ordinaire.

Pour que le patron qui emploie un ou plusieurs ouvriers soit véritablement « un chef d'entreprise », il faut qu'il s'agisse là d'une situation normale, habituelle, et non exceptionnelle. Ainsi, après l'article 1er, le Tribunal civil des Andelys (24 juillet 1900) a décidé que l'ouvrier travaillant seul d'ordinaire, et qui a embauché exceptionnellement d'autres ouvriers, n'est pas un entrepreneur et n'est pas responsable aux termes de la loi.

De même, un propriétaire non-industriel n'est pas chef d'entreprise par cela seul qu'il a employé, même à des travaux industriels (réparation d'une construction, confection de vêtements, etc.) un ouvrier qui d'ordinaire travaille à la journée, pour son compte personnel, tantôt chez l'un tantôt chez l'autre, et cet ouvrier ne peut pas réclamer le bénéfice de la loi du 9 avril 1898.

Il n'en serait pas ainsi si ce même propriétaire avait fait acte de chef d'industrie, surveillant les travaux et les dirigeant, ordonnant des modifications au plan primitif, etc. Dans ce cas, l'ouvrier ou les ouvriers employés ne sont plus leur propre patron, puisqu'ils ne sont plus libres d'organiser leur travail comme ils l'entendent, et qu'ils sont placés sous une direction effective étrangère, qui par cela même devient responsable.

Ouvrier prêté par son patron.

La Cour d'Appel de Bourges a décidé (7 février 1901) que la responsabilité résultant de la loi du 9 avril 1898, implique nécessairement l'existence d'un contrat de louage, que le patron qui prête son ouvrier, même à titre gratuit, à une tierce personne, reste responsable des accidents qui peuvent l'atteindre pendant ce travail gratuit.

Sociétés coopératives de production.

D'un jugement du tribunal de paix de La Roche-sur-Yon, il semblerait résulter que les Sociétés coopératives ne sont pas responsables des accidents qui surviennent à leur personnel (les qualités de patron et d'ouvrier se confondant chez les membres de la Société). Cette interprétation, qui paraît excessive, ne serait pas applicable, d'une part, aux auxiliaires de la Coopérative, qui ont seulement la qualité d'ouvriers ; d'un autre côté, le 31 mai 1899, le Comité consultatif a émis l'avis :

1° Que la Société coopérative de production, réalisant une production industrielle, payant des salaires, doit être considérée comme un chef d'entreprise ;

2° Que l'article 30 lui interdit d'écarter ou d'atténuer par une clause de ses statuts, sa responsabilité légale vis-à-vis des sociétaires ou auxiliaires ;

3° Qu'enfin la responsabilité encourue par la Société, personne morale, sera supportée en définitive par les actionnaires, *certains sociétaires pouvant* d'ailleurs *se trouver* à la fois *créanciers* de la Société *comme victimes* d'accidents, et *débiteurs comme actionnaires*, mais en vertu de dispositions législatives et contractuelles, d'ordre différent. — Dans ces conditions, il nous paraît juste, en l'absence de décisions formant jurisprudence, de considérer les Sociétés coopératives comme responsables des accidents professionnels survenant à leurs sociétaires et auxiliaires.

Des victimes et des personnes pouvant réclamer le bénéfice de la loi de 1898.

Les bénéficiaires, c'est-à-dire les personnes qui peuvent réclamer le bénéfice de la loi de 1898, ce sont tous les travailleurs, à quelque titre qu'ils appartiennent à l'industrie (ingénieurs, ouvriers, comptables, employés, etc.), sans distinction d'âge, de sexe d'état-civil, de nationalité, sous la seule réserve qu'ils soient bien sous la direction effective du chef d'entreprise. Ainsi, l'ouvrier qui travaille chez lui, à la tâche, et reporte le soir, ou à la fin de la semaine, son travail à la fabrique, n'est pas fondé à se prévaloir du risque professionnel et n'a droit à aucune indemnité.

Pourtant, il existe quelques exceptions à cette règle générale, exceptions, non de droit, mais de fait.

En effet, les ouvriers, apprentis et journaliers appartenant aux ateliers de la Marine

et les ouvriers immatriculés des manufactures d'armes dépendant du Ministère de la Guerre

ne peuvent réclamer le bénéfice de la loi-accidents. Leurs pensions continuent à être réglées par les lois, ordonnances et règlements qui les visaient précédemment, et cela s'explique par ce fait qu'ils n'auraient pu que perdre à être classés dans la même catégorie que les ouvriers de l'industrie.

§ 4. CRITÉRIUM

Vue d'ensemble sur le champ d'application de la loi.

Si nous jetons un coup d'œil d'ensemble sur ce que nous venons de dire de l'application de la loi (industries assujetties, accidents, personnes responsables et bénéficiaires), nous pouvons en déduire que dans tous les cas,

Pour qu'un accident donne droit à indemnité, la réunion des six conditions suivantes est indispensable :

1re CONDITION

L'accident doit être survenu dans une des industries énumérées à l'article 1er de la loi du 9 avril 1898 ou dans une exploitation agricole avec moteur (loi du 30 juin 1899).

2e CONDITION

L'accident doit être survenu par le fait ou à l'occasion du travail.

3e CONDITION

L'accident doit avoir occasionné une incapacité de travail de plus de 4 jours.

4e CONDITION

La victime est un ouvrier ou un employé du chef d'industrie.

5e CONDITION

L'accident n'a pas été intentionnellement provoqué par la victime.

6ᵉ CONDITION

En cas de décès de la victime, nécessité de l'existence d'un ayant droit. (Cette condition sera étudiée au chapitre des indemnités.)

Conseil aux intéressés.

En présence d'un accident du travail, il est donc nécessaire d'examiner s'il remplit les cinq premières conditions, — la sixième ayant sa place dans l'enquête du juge de paix. Si le patron ou l'ouvrier doutent que l'accident réunisse les cinq conditions, ils doivent, l'un ou l'autre, déclarer néanmoins l'accident à la Mairie, et faire trancher la question (s'il y a incapacité permanente absolue ou partielle) par une décision juridique. En cas d'incapacité temporaire, si un accord ne peut intervenir, il faut également soumettre le litige au juge de paix.

SECTION II

Les Indemnités.

Pour l'attribution des indemnités, les accidents qui y donnent droit sont répartis d'après la loi en quatre catégories, selon leurs suites (incapacité de travail de plus de 4 jours) :

1° Incapacité temporaire de plus de 4 jours ;
2° Incapacité permanente partielle ;
3° Incapacité permanente absolue ;
4° Mort de la victime de l'accident.

Nous allons étudier successivement ces quatre cas, et en examiner les conséquences diverses au point de vue des droits de la victime ou de ses représentants.

Tout d'abord, dans les quatre cas, le patron est tenu au paiement des frais médicaux et pharmaceutiques. En cas de mort, il doit, de plus, les frais funéraires jusqu'à concurrence de 100 francs.

§ 1ᵉʳ. INDEMNITÉS GÉNÉRALES

Frais médicaux, pharmaceutiques, funéraires (art. 4, 5 et 6).

Ces frais sont dus, dans tous les cas, par le patron. Néanmoins, si la victime a fait choix de son médecin (ce qui est son droit absolu), le chef d'entreprise ne peut être tenu que jusqu'à concurrence de la somme fixée par le juge de paix du canton, conformément aux tarifs adoptés dans chaque département par l'assistance médicale gratuite.

Notons que l'ouvrier ne peut pas réclamer une somme globale représentant les frais médicaux et pharmaceutiques, il doit en fournir la justification (Narbonne, 6 juin 1900). De même, il n'a pas le droit de réclamer une somme supplémentaire représentant le prix des soins qui lui ont été donnés (Justice de paix. Sotteville-lès-Rouen, 26 janvier 1900).

Sont compris dans les frais médicaux et pharmaceutiques :

1° Les *soins dentaires*, tels que réparation et pose de dents (Justice de paix, Courbevoie, 8 mai 1900).

2° La *fourniture de l'appareil permettant* à l'ouvrier *de se servir du membre mutilé* (Nantes, 7 mai 1900.).

3° La *fourniture* et le *renouvellement d'un appareil orthopédique*. La Cour d'Appel de Pau a ajouté à la rente une somme supplémentaire, payable annuellement, destinée à cet achat et à ce renouvellement (13 décembre 1900).

4° Le *traitement électrothérapique*. (Justice de paix, Grenoble, 10 janvier 1900.)

Par contre le *traitement thermal* n'est pas à la charge du patron. (Narbonne, 16 mai et 7 juin 1900.)

Hospitalisation.

A propos de ces frais médicaux, etc., nous pensons qu'il est bon de dire un mot des frais d'hospitalisation. On a prétendu que les frais d'hospitalisation, comprenant, outre les frais médicaux et pharmaceutiques, des frais de nourriture et de logement, devaient être mis en partie à la charge de la victime. Le Tribunal civil de Chambéry (11 août 1900) n'a pas admis cette prétention et a mis le montant intégral des frais d'hospitalisation à la charge du patron. Il s'appuyait sur ce que l'indemnité journalière est destinée à venir en aide non seulement à l'ouvrier, mais encore et surtout à sa famille, ainsi que sur les travaux préparatoires de la loi. De plus, la distinction entre ces deux catégories de frais (frais de maladie et frais de nourriture, logement) serait souvent impossible à faire. Enfin, le patron a autant d'intérêt que son ouvrier à ce que celui-ci soit hospitalisé, car il s'exonère d'abord des frais médicaux et pharmaceutiques, et la victime est placée dans de bien meilleures conditions pour guérir promptement et ne pas rester atteinte d'infirmités graves dont le patron supporterait les conséquences directes.

Le Tribunal civil de Nancy (2 juillet 1900) et la Cour d'Appel ensuite (28 novembre 1900) ont également décidé que le patron est débiteur cumulativement de l'intégralité des frais d'hospitalisation et de l'indemnité journalière.

Ces trois décisions, inspirées du véritable esprit de la loi, viennent donner plus de poids encore à l'avis du Comité Consultatif (10 janvier 1900), qui avait décidé que le chef d'industrie doit à la fois l'indemnité journalière et les frais d'hospitalisation, à moins que la victime, refusant les frais médicaux et pharmaceutiques assurés par l'entreprise, n'ait elle-même choisi l'hospitalisation.

Enfin, dans une circulaire du 10 août 1901, M. le Président du Conseil, Ministre de l'Intérieur, rappelant le vote de la Chambre des Députés (séance du 23 mai) qui va mettre à la charge du chef d'entreprise, et dans tous les cas, la totalité des frais d'hospitalisation, donne, en attendant l'application de ces dispositions, quelques conseils aux administrations hospitalières : Il les engage, lorsqu'il s'agit d'admettre un ouvrier victime d'accident du travail, à faire constater au moyen d'un certificat médical émané du médecin qui a donné les premiers secours, ou bien, à défaut, du médecin de l'hôpital, que *l'hospitalisation s'impose à raison, soit de la nature de la blessure et des soins* qu'exige le traitement, soit *des mauvaises conditions d'installation personnelle de la victime*, ayant pour conséquence l'impossibilité de la soigner utilement à domicile.

§ 2. INDEMNITÉS SPÉCIALES (art. 3, 5 et 6).

A. Incapacité temporaire (plus de 4 jours).

Dans le cas d'incapacité temporaire de plus de quatre jours, la victime a droit :

A une indemnité journalière égale à la moitié du salaire journalier au moment de l'accident, et seulement à partir du cinquième jour.

Comment doivent être comptés ces quatre jours? D'après l'avis de M. le Ministre du Commerce et les jugements des tribunaux de paix d'Alais (8 février 1900), Morestel (5 juin 1900), le dimanche et les jours fériés entrent dans le calcul des quatre jours, mais le jour de l'accident n'y est pas compris, puisque ce jour-là le patron doit le salaire entier. (Justice de paix de Marseille, 10 octobre 1899.)

Ainsi, l'ouvrier blessé le mercredi 13 juillet recevra pour ce jour son salaire intégral et aura droit à l'indemnité à partir du lundi suivant. On ne comprendrait pas, en effet, si on admettait que les jours fériés et les dimanches n'entrent pas dans le calcul des quatre jours, que l'ouvrier, dans l'exemple qui nous occupe, restât 6 jours sans toucher son indemnité, alors que son camarade blessé la semaine suivante resterait seulement 4 jours dans les mêmes conditions.

Le salaire journalier étant de 6 francs par jour, par exemple, l'indemnité journalière sera de 3 francs, payable jusqu'à entière guérison, en cas d'incapacité temporaire.

A propos de cette méthode à employer pour compter les 4 jours, nous devons faire observer que dans l'article 11, § 1ᵉʳ (délai de déclaration), le législateur a eu soin d'inscrire (loi du 22 mars 1902) : non compris les dimanches et jours fériés. Cette restriction n'existant pas dans les articles 1, 3 et 11, § 3, il en résulte évidemment que, dans ce cas, les dimanches entrent dans le calcul des 4 jours. Ajoutons que :

L'indemnité journalière est due pour « les dimanches et jours fériés » sans qu'il y ait lieu de rechercher si le chantier où travaillait la victime était à ces jours ouvert ou fermé. (Cour d'Appel de Dijon, 5 mars 1900 — Tribunaux civils de Chalon-sur-Saône, 19 décembre 1899 et 20 mars 1900 — Béthune, 8 mars 1900 — Doullens, 6 avril 1900 — Laon, 22 mai 1900 — Grenoble, 31 mai 1900 — Chambéry, 11 août 1900, etc., etc.). La Cour suprême vient de consacrer cette jurisprudence par un arrêt du 27 mars 1901 « attendu, dit-elle, que le sens qu'il convient de donner au mot « journalier » ne saurait être douteux : que l'indemnité est due pour tous les jours, sans exception, que dure l'incapacité, à partir du 5ᵉ jour, même lorsque, avant l'accident, l'ouvrier blessé ne travaillait pas les dimanches et jours fériés : qu'à aucun moment, devant les Chambres, on n'a mis en question le caractère quotidien de cette indemnité ».

Indemnité journalière en cas d'incapacité permanente. — L'indemnité journalière de demi-salaire est servie à l'ouvrier, non seulement en cas d'incapacité temporaire qui laisse intacte sa faculté de production, mais encore en cas d'incapacité permanente partielle ou absolue, pendant toute la période pendant laquelle la victime doit avoir recours aux soins d'un médecin. En effet, tout règlement *d'incapacité permanente est précédé d'une période d'incapacité temporaire pendant laquelle l'indemnité journalière doit être servie* (Cours d'Appel de Besançon, 14 février et 28 février 1900 ; Douai, 26 février 1900 ; Tribunaux civils de : Vervins, Le Havre, Villefranche, Besançon, La Châtre, la Seine, Doullens, etc.) et cette indemnité journalière doit être servie à la victime jusqu'au jour où elle est remplacée par une rente, sans qu'il puisse y avoir aucune interruption entre les deux modes d'indemnité. Nous verrons plus loin que la Cour suprême a confirmé la jurisprudence de nombreuses Cours d'Appel, en décidant que le point de départ de la rente était le jour de la *consolidation de la blessure*. Il s'ensuit que l'indemnité de demi-salaire est due jusqu'à cet événement

B. Incapacité permanente partielle.

L'incapacité permanente partielle n'a pas pour effet d'anéantir complètement le salaire de l'ouvrier, de supprimer totalement sa faculté de production, elle ne fait que la réduire dans une certaine mesure. Quand la blessure est guérie, la période d'incapacité temporaire qui nécessite des soins médicaux prend fin. C'est alors que commence la période d'incapacité permanente (partielle ou absolue). — A partir du commencement de cette période, et pendant sa vie entière (Cour de Cassation, 7 janvier 1902), *l'ouvrier doit recevoir une rente égale à la moitié de la réduction que le salaire a subie* (1).

Ainsi, l'ouvrier qui gagnait **1,000 francs** annuellement avant l'accident, et qui, après l'accident, d'après la décision du tribunal, ne peut plus gagner annuellement que **700 francs**, subit une **réduction** de **300 francs**, de sa faculté de production. La rente viagère à lui allouer sera égale à

$$\frac{1000 - 700}{2} = \frac{300}{2} = \textbf{150 francs.}$$

On voit, d'après l'exemple qui précède, que pour un même salaire, la rente n'est pas fixée d'une façon uniforme, puisqu'elle varie avec la gravité de l'incapacité.

Si, avec ce même salaire antérieur de 1.000 francs par an, l'ouvrier ne pouvait plus gagner ensuite que 200 francs, la rente viagère qu'il recevrait serait :

$$\frac{1000 - 200}{2} = \frac{800}{2} = \textbf{400 francs.}$$

Il ne faut pas oublier que ces réductions ne sont pas déterminées par la loi dans chaque cas particulier, elles sont laissées à l'appréciation du tribunal, qui peut recourir évidemment à l'avis de médecins, d'experts compétents.

Il en résulte que les décisions d'espèces sont assez souvent contradictoires, et cela parce que les tribunaux auront appliqué la lettre ou l'esprit de la loi.

---

(1) La Cour d'Appel de Bourges (26 novembre 1900) et les Tribunaux de Narbonne et d'Etampes ont admis le cumul au bénéfice des ouvriers victimes d'accidents, des pensions de retraites (ex. : Compagnies de Chemins de fer) et des pensions pour incapacité permanente.

Si l'on s'en tient au texte de la loi « on peut en arguer que la réduction *effective* de salaire après l'accident donne seule lieu à l'attribution d'une rente, et qu'un ouvrier obtenant, en fait, après l'accident, un salaire supérieur ou égal au salaire qu'il touchait avant l'accident, ne saurait prétendre à aucune indemnité. Si l'on veut demeurer fidèle à l'esprit de la loi, on décidera, au contraire, que le juge doit comparer au salaire réellement touché pendant l'année qui a précédé l'accident, le salaire annuel que l'ouvrier, avec sa capacité de travail diminuée, peut normalement atteindre dans l'avenir. » (1) Nous ne pouvons que désirer que les tribunaux s'associent à ces nobles paroles, et appliquent dans leurs arrêts la règle qu'elles tracent.

Voici, par exemple, un cas qui pourrait se produire. Si un ouvrier, atteint d'une incapacité permanente, était embauché après guérison par son patron avec un salaire égal ou supérieur à celui qu'il avait avant l'accident, le tribunal pourrait décider en appliquant la lettre de la loi, qu'aucune rente ne lui est due. Et pourtant l'incapacité est certaine, la réduction est flagrante, bien que, par humanité ou pour toute autre raison, le salaire n'ait pas baissé. Et si ce même ouvrier se voit congédié quelques années plus tard, il ne retrouvera nulle part le salaire qu'il a perdu et qui ne lui était conservé que pour des raisons extérieures à sa puissance de production. L'accident ne serait donc pas réparé. La jurisprudence a confirmé cette interprétation en décidant que :

a) Le patron n'est pas fondé à soutenir qu'il ne doit pas d'indemnité à l'ouvrier atteint d'incapacité permanente partielle, parce qu'il l'a indemnisé en l'embauchant de nouveau avec le même salaire qu'avant l'accident. (Cours d'Appel de Paris, 4 août 1900 — Montpellier, 6 avril 1900 — Aix, 25 mai 1900 — Orléans, 30 mai 1900 — 11 août 1900 — Limoges, 16 juillet 1900 — Aix, 3 août 1900, etc. ; Tribunaux civils de Lille, Orléans, la Seine, Marseille, Lyon, Rouen, Tours, etc., etc.) (2)

b) La réduction que l'accident fait subir au salaire doit être appréciée d'après le degré d'infériorité résultant pour l'ouvrier de l'accident, et non d'après des circonstances passagères, telles que la générosité du patron, ou l'inertie

---

(1) Georges PAULET, *loc. cit.*

(2) La Cour de Cassation a décidé dans le même sens (arrêts des 26 novembre 1901 et 7 janvier 1902).

et la mauvaise chance de l'ouvrier dans la recherche d'un emploi. (Cour d'Appel de Chambéry, 19 novembre 1900. — Tribunaux civils de Montpellier, 6 juillet 1900 – Valenciennes, 21 février 1900 — Dôle, 5 juillet 1900 — Amiens, 20 octobre 1900.)

c) La proposition du patron de conserver à l'ouvrier le même salaire a le caractère d'une transaction et ne peut intervenir qu'après la fixation de l'indemnité (Rouen, 25 mai 1900).

d) Enfin le patron ne peut pas soutenir que le salaire réduit qu'il paie à l'ouvrier conservé après l'accident est la base du calcul de la réduction de salaire. (Cour d'Appel de Besançon, 4 juillet 1900 — Tribunal civil, Rouen, 10 août 1900).

Les tribunaux sont même allés plus loin dans cette voie en jugeant que :

L'ouvrier qui peut accomplir, après l'accident, le même travail qu'auparavant est néanmoins atteint d'incapacité permanente partielle (Cours d'Appel de Montpellier, 6 avril 1900 — Paris, 5 janvier 1901. — Tribunaux civils de la Seine, 26 mars 1900 — Orléans, 14 février 1900 — Grenoble, 19 janvier 1900), *et une rente doit lui être attribuée.*

BARÊME D'INDEMNITÉS (Rentes Viagères), en cas d'incapacité permanente partielle (décisions juridiques).

Perte d'un œil.

Réduction de 2/11. Tribunal civil d'Avesnes, 15 mars 1900.

—	1/4	—	Montpellier, 6 juillet 1900.
—	1/3	—	Grenoble, 19 janvier 1900.
—	1/3	—	Narbonne, 23 janvier 1900.
—	35/100	—	Villefranche, 27 janvier 1900.
—	1/4	—	Mirande, 17 mai 1900.
—	1/4	—	Montpellier, 6 juillet 1900.
—	2/5	—	Tours, 29 mai 1900.
—	2/5	—	Laval, 1er juin 1900.
—	2/5	Cour d'Appel, Orléans, 11 août 1900.	

En outre, le Tribunal civil de Marseille a jugé que la perte d'un œil causait à une femme employée dans une brasserie (15 février 1900), une réduction de 240 francs, et à un casseur de pierres, une réduction de 300 francs (23 février 1900). Les salaires annuels étant inconnus, il a été impossible d'établir la proportion de réduction, qui doit être environ 1/3.

Amputation du **Bras droit**.

Réduction de 1/8. Tribunal civil de Béthune, 8 mars 1900.
— 2/8 — Tours, 6 mars 1900.
— 3/4 — La Châtre, 1er février 1900.
— 3/4. Cour d'Appel, Orléans, 26 juillet 1900.
— 4/5. Tribunal Civil, Mayenne, 28 mars 1900.
— 9/10 — Bressuire, 15 novembre 1899.
— 9/10. Cour d'Appel, Poitiers, 27 décembre 1899.

Remarque : Le Tribunal civil de Versailles a décidé que *l'amputation du bras droit était une incapacité permanente absolue* qui donnait droit par conséquent à l'ouvrier à une rente égale aux 2/3 de son salaire.

Amputation du **Bras gauche**.

Réduction de 1/2. Tribunal civil de la Roche-sur-Yon, 31 juillet 1900.
— 3/4 — Lavaur, 14 février 1900.

Amputation de la **Main gauche**.

Réduction de 1/2. Tribunal civil de Besançon, 1er février 1900.
— 18/24 — la Seine (4e Chambre), 7 mai 1900.

Amputation d'une **Jambe**.

Réduction de 9/10. Cour d'Appel de Bordeaux, 20 juin 1900.

Amputation de la **Jambe droite**.

Réduction de 1/2. Tribunal civil de Toulouse, 29 décembre 1899.
— 3/4. Cour d'Appel de Besançon, 6 mai 1900.
— 4/5. Tribunal civil de Lure, 11 mai 1900.
— 4/5. Cour d'Appel de Besançon, 11 juillet 1900.
— 5/6. Tribunal civil d'Auxerre, 14 février 1900.
— 95/100 — de Nantes, 7 mai 1900.

Amputation de la **Jambe gauche**.

Réduction de 65/100. Tribunal civil de Lyon, 27 mars 1900.
— 4/5 — Vouziers, 28 mars 1900.
— 4/5 — Bar-le-Duc, 27 juin 1900.
— 2/8 — Angoulême, 28 janvier 1901.

Perte du **Poignet droit**.

Réduction de 3/4. Tribunal civil de Dijon (2e Chambre), 18 janvier 1900.

Impossibilité de se servir **du Bras et de la Main gauches**.

Réduction de 8/13. Tribunal civil de Péronne, 16 janvier 1900.

Écrasement des extrémités **de 8 doigts**.

Réduction de 4/13. Tribunal civil de Saint-Amand, 27 décembre 1900.

Amputation de **2 phalanges de l'Index droit**.

Réduction de 1/6. Tribunal civil de Limoux, 1er août 1900.

Ankylose du Pouce.

Réduction de 1/4. Tribunal civil de Corbeil, 20 juillet 1900.

Amputation de l'**Auriculaire droit**.

Réduction de 1/6. Tribunal civil de Bernay, 19 juin 1900.
    —   1/8. Cour d'Appel de Rouen, 8 août 1900.

Perte d'une partie de la **8ᵉ phalange de l'Annulaire gauche**.

Réduction de 6/100. Tribunal civil de Lyon, 7 août 1900.

Ankylose des Doigts de pied.

Réduction de 2/15. Tribunal civil de Narbonne, 25 juillet 1900.

Opération du Trépan.

Réduction de 2/8. Tribunal civil de Chambéry, 11 janvier 1900.

Point de départ de la Rente. — Dans un arrêt du 30 juillet 1902, la Chambre des Requêtes de la Cour de Cassation a décidé que *le point de départ du paiement de la rente viagère* et la *cessation*, par voie de conséquence, *de l'indemnité journalière*, devaient être fixés au jour de la *consolidation* de la blessure, attendu, dit le jugement, que la rente allouée à la victime d'un accident du travail, atteinte d'une incapacité partielle et permanente, doit courir, non de l'époque où intervient une solution définitive sur le règlement de l'indemnité, mais du jour où le caractère de l'incapacité est devenu définitivement certain ; que le point de départ de la rente ne saurait en effet être subordonné aux éventualités de la procédure ; mais qu'il doit au contraire avoir une date indépendante de la volonté du patron ou de l'ouvrier.

Conseil aux Ouvriers. — En cas d'incapacité permanente partielle, ils doivent chercher dans le tableau précédent quel est le cas qui présente le plus d'analogie avec leur propre situation, et prendre communication au siège du Syndicat ou de la Bourse du Travail du jugement qui s'y rapporte, afin d'y rechercher les arguments dont ils pourront raisonnablement se servir. Nous leur rappelons aussi que les Inspecteurs du travail ne refusent jamais de leur donner les renseignements dont ils peuvent avoir besoin.

C. Incapacité permanente absolue.

L'incapacité permanente absolue est celle qui met l'ouvrier dans l'impossibilité de se livrer à aucun travail rémunéré.

Il est donc équitable, dans ce cas, de donner à la victime une rente qui la mette, ainsi que sa famille, à l'abri du besoin, et qui remplace, dans une certaine mesure, le salaire qu'elle a perdu.

En cas d'incapacité absolue : **la loi a fixé la rente aux 2/8 du salaire annuel.**

Il est nécessaire de se bien pénétrer de cette idée que c'est le tribunal qui décide si l'incapacité est permanente et partielle (Rente — 1/2 de la réduction), ou bien si cette incapacité est absolue (rente — 2/3 du sa'aire), ou même encore si l'incapacité n'est que temporaire.

L'importance de cette décision est extrême, puisque la rente de l'ouvrier, dans le cas d'incapacité partielle, n'atteindra jamais la moitié du salaire, alors que nous venons de voir qu'elle est égale aux 2/3 du salaire dans le cas d'incapacité absolue.

Ainsi, d'après le Tribunal civil de Versailles, *l'amputation du bras droit* constitue une *incapacité absolue* (4 janvier 1900), alors que nous avons vu précédemment qu'un grand nombre de tribunaux avaient jugé que cette infirmité ne constituait qu'une incapacité permanente partielle.

De même, le Tribunal de Bordeaux avait jugé que *l'amputation d'une jambe* est une cause *d'incapacité absolue* (28 mars 1900). La Cour d'Appel du même siège en a décidé autrement à l'occasion du même accident, en réduisant l'infirmité à une incapacité partielle permanente (29 juin 1900).

Mêmes solutions successives pour *l'amputation de la jambe* droite (Tribunal de Lure, 21 mars 1900, *incapacité absolue*, et Cour d'Appel, Besançon, 6 mai 1900, incapacité partielle).

D'après la Cour d'Appel de Douai (5 avril 1900), *l'amputation de la jambe droite, compliquée de fracture de la jambe gauche*, constitue une incapacité absolue.

Autres exemples d'**incapacité absolue**

Perte totale de la vue, même si l'ouvrier était déjà borgne.

Perte de l'usage des deux bras.

Avis. — Lire, le cas échéant, les jugements des tribunaux admettant l'incapacité absolue, dont les considérants présentent le plus grand intérêt.

Exemple. — Si un ouvrier a un salaire annuel de 1,500 fr., la rente à lui allouer, en cas d'incapacité absolue et permanente, sera fixée à

$$\frac{1500 \times 2}{8} = 1000 \text{ francs}$$

D. Mort de la Victime de l'Accident.

En cas de décès de la victime de l'accident, la loi attribue à ses ayants droit des rentes déterminées par l'article 3.

Mais pour cela, il faut que l'ouvrier décède des suites de l'accident. Si, par exemple, l'ouvrier titulaire d'une rente (incapacité permanente) vient à décéder quelque temps après sa guérison et pour une cause étrangère à cet accident (fièvre, maladie organique), les ayants droit ne peuvent rien réclamer, les rentes n'étant pas reversibles sur la tête de l'époux survivant et sur les enfants.

En cas de décès, les charges des chefs d'industrie sont variables selon les charges de famille de la victime

Il en résulte une variété assez grande dans les tarifs de pension.

Une autre solution avait été proposée : fixer d'une manière invariable les charges du patron en cas de décès, et verser les indemnités ainsi réglées à la succession du défunt pour être réparties selon les règles du droit commun. Cette solution (qui a peu de partisans d'ailleurs), n'a pas prévalu.

Actuellement, quatre cas se présentent selon que la victime décédée était :

Mariée sans enfants de moins de 16 ans.
Mariée avec enfants —
Veuve avec enfants —
Veuve sans enfants de moins de 16 ans ou Célibataire.

Ier CAS. — La victime était mariée, mais n'a pas d'enfants de moins de 16 ans.

Dans ce cas, une rente viagère égale à 20 % du salaire annuel de la victime est accordée au conjoint survivant non divorcé, non séparé de corps, sous la seule condition que le mariage ait été contracté avant l'accident.

On pourrait croire (étant donné les termes de l'article 301 du Code Civil) que l'époux survivant divorcé a droit à une rente dans le cas où le divorce aurait été prononcé à son profit, (*idem* pour la séparation de corps). De la discussion de la loi il semble qu'il n'en est rien, et que l'époux divorcé ou séparé n'a droit à aucune rente en cas de décès de son ex-époux, par suite d'accident.

Mais il n'en serait pas de même si l'époux survivant (non divorcé, non séparé de corps) ne vivait pas avec le défunt, et il aurait droit à la rente dans les mêmes conditions que s'il cohabitait avec lui.

En cas de nouveau mariage, le droit à la pension disparaît. Il est remplacé par une indemnité égale à trois fois le montant de la rente annuelle.

EXEMPLE. — Si la victime avait un salaire annuel de *1.000 francs*,

la pension du conjoint survivant serait de $\dfrac{1.000 \times 20}{100} = 200$ fr.,

et l'indemnité à lui accorder en cas de nouveau mariage serait de $200 \times 3 = 600$ *francs*.

2ᵉ CAS. — La victime était mariée et avait des enfants de moins de 16 ans.

Le conjoint recevra la même rente que précédemment et dans les mêmes conditions (20 % du salaire annuel).

Quant aux *enfants légitimes* ou *naturels reconnus* avant l'accident, et qui sont par conséquent **Orphelins de père ou de mère,**

ils recevront, s'ils sont âgés de *moins de 16 ans* et jusqu'à cet âge seulement :

S'il y a 1 enfant, 15 % du salaire annuel (rente annuelle)

2	—	**25 %**	—	—
3	—	**35 %**	—	—
4 ou davantage 40 %			—	—

Il en résulte que le maximum des rentes à la charge du chef d'industrie est fixé à 60 % du salaire de la victime (20 % pour le conjoint, 40 % au maximum pour les enfants).

EXEMPLE. — Dans le cas d'une victime dont le salaire annuel était de 1.000 francs, les rentes sont donc ainsi fixées :

1° $\dfrac{1.000 \times 20}{100} = 200$ francs au conjoint survivant et

2° $\dfrac{1.000 \times 15}{100} = 150$ francs à l'enfant s'il n'y en n'a qu'un,

$\dfrac{1.000 \times 25}{100} = 250$ francs s'il y a 2 enfants soit 125 fr. par enfant.

$\dfrac{1.000 \times 35}{100} = 350$ francs s'il y a 3 enfants, soit 116 fr. 66 par enfant,

et $\dfrac{1.000 \times 40}{100} = 400$ francs s'il y a 4 enfants (ou davantage) soit 100 francs par enfant.

La pension d'un enfant peut donc diminuer de 1 3 (150 fr. à 100 francs) à mesure que le nombre des enfants augmente.

OBSERVATION. — A ce propos, il est possible et même utile de faire une remarque *importante* :

Admettons que dans le dernier exemple précédent, la victime laisse un conjoint et quatre enfants.

Nous avons vu que la rente viagère du conjoint est fixée à 200 francs (salaire annuel : 1.000 francs),

et que la rente totale attribuée aux quatre enfants s'élève à 400 francs, soit 100 francs par enfant.

Dès que l'aîné des enfants aura atteint l'âge de 16 ans, il cessera d'avoir droit à la rente qui de ce fait, évidemment, se trouve réduite.

Mais cette rente sera-t-elle réduite de 1/4 (réduction proportionnelle à la réduction du nombre d'enfants), c'est-à-dire chaque enfant continuera-t-il à recevoir 100 francs,

ou bien la rente totale sera-t-elle révisée pour être fixée à 35 % du salaire (3 enfants vivants de moins de 16 ans), puis révisée à nouveau et fixée à 25 % (250 francs) lorsqu'il n'y aura plus que 2 enfants, et à 15 % lorsqu'il n'y en aura plus qu'un âgé de moins de 16 ans ?

Nous pensons que cette 2ᵉ solution est la bonne, sans qu'elle ait besoin d'être fixée par un tribunal.

En cas de contestation, lorsque le 1ᵉʳ enfant dépasse l'âge réglementaire, les ayants droit doivent faire consacrer leur situation par les règles du droit commun.

Cas particulier. — Les héritiers d'un veuf remarié, ayant des enfants de moins de 16 ans, se trouvent, en cas de décès, dans la situation précédente. On ne pourrait, à notre avis, sous prétexte que, au point de vue du sang, les enfants sont orphelins de père et de mère, majorer leurs rentes comme il est dit au paragraphe suivant, de façon à obtenir un maximum de 80 % (20 % au conjoint, 60 % aux orphelins), maximum incompatible avec celui fixé par le paragraphe B de l'article 3.

3ᵉ CAS. — La victime était veuf ou veuve avec enfants de moins de 16 ans.

La part de chacun des enfants est alors plus élevée :

20 % du salaire, s'il n'y a qu'un enfant,

40 %   —   , s'il y a 2 enfants,

60 %   —   , s'il y a 3 enfants ou davantage.

Nous prenons encore l'exemple d'un ouvrier tué et touchant 1.000 francs de salaire annuel.

Les rentes seront ainsi fixées :

$$\frac{1000 \times 20}{100} = 200 \text{ francs, s'il n'y a qu'un enfant.}$$

400   —   s'il y a 2 enfants.

600   —   s'il y a 3 enfants ou plus.

Ici, le maximum est encore de 60 % du salaire. La question, dans ce cas, ne se pose plus, de savoir quelles rentes totales successives seront attribuées au fur et à mesure que les enfants atteindront l'âge de 16 ans.

En effet, tant qu'il y a 3 enfants au moins (6 par exemple, puis 5, 4 et 3), la rente reste fixée à 60 %. A partir de ce moment, chaque enfant reçoit 20 % (200 francs de rente), qu'il touche jusqu'à l'âge de 16 ans.

4ᵉ CAS. — Veuf sans enfants de moins de 16 ans ou célibataire.

Lorsque la victime, décédée des suites de l'accident, ne laisse ni enfants de moins de 16 ans, ni conjoints, des rentes sont attribuées :

1· *Aux ascendants* (père, mère, aïeuls, etc.).

2· *Aux descendants âgés de moins de 16 ans* (autres que les enfants, c'est-à-dire aux petits-enfants),
à condition que les uns ou les autres soient *à la charge* de la victime au moment de l'accident.

C'est aux tribunaux à apprécier si les ayants droit de cette catégorie étaient à la charge de la victime lorsqu'elle est décédée.

Il a été jugé que :

a) *Le droit à la rente de l'ascendant à la charge de la victime est analogue au droit aux aliments des articles 205 et suivants du Code civil et comporte les mêmes justifications.* (Tribunaux civils de Guingamp, 21 février 1900. — Dieppe, 27 mars 1900. – Cambrai, 29 mars 1900. -- Sables d'Olonne, 8 février 1900. — La Seine, 14 février 1900. — Besançon, 17 juillet 1900).

b) *L'ascendant qui prétend avoir droit à la pension doit faire la preuve qu'il était à la charge de la victime.* (Tribunaux civils de Dijon, 28 juillet 1900. — Lyon, 28 mars 1900. — Mâcon, 20 mars 1900. — Nancy, 12 mars 1900. — La Seine, 19 mars, 1900, etc., etc., etc.).

c) *Enfin, le fait que la victime remettait son salaire à ses parents ne suffit pas à établir que ceux-ci étaient à sa charge, et ce versement n'a pas nécessairement le caractère d'un secours alimentaire.* (Cour d'appel de Rouen, 19 juin 1900. — Tribunaux civils de Nantes, 21 décembre 1899. — La Seine, 19 mars 1900. — Mâcon, 20 mars 1900. — Angers, 26 juin 1900. — Nancy, 6 août 1900. — Nantes, 15 novembre 1900, etc,, etc., etc.).

De nombreuses décisions d'espèces sont également intervenues. Elles sont rapportées dans les publications du Ministère du Commerce (Accidents du Travail. Jurisprudence).

REMARQUE. — Il n'est pas nécessaire que la victime n'ait ni conjoint ni enfants, pour que les ascendants ou descendants aient droit aux indemnités. En effet, l'art. 3 (§ c) dit :

« Si la victime n'a ni conjoint ni enfants, dans les termes « des paragraphes A et B, etc. ». Il en résulte que s'il existe un conjoint séparé ou divorcé, et s'il existe des enfants tous âgés de plus de 16 ans, le droit des bénéficiaires (ascendants et descendants) reste intact.

Le montant des rentes est égal à 10 °/₀ du salaire annuel de la victime, sous la réserve que leur montant ne dépassera pas 30 °/₀.

EXEMPLE. — **Ouvrier décédé gagnant annuellement 1,000 francs.** — Chaque ascendant à sa charge et chaque descendant âgé de moins de 16 ans, et dans les mêmes conditions, aura droit à une rente (payable jusqu'à 16 ans pour les enfants, jusqu'à leur mort pour les ascendants) fixée à :

$$\frac{1000 \times 10}{100} = 100 \text{ francs, le maximum étant de } \mathbf{300} \text{ francs.}$$

S'il y 3 bénéficiaires, chacun recevra $\frac{300}{3} = 100$ francs

S'il y en a 4, chacun recevra $\frac{300}{4} = 75$ francs,

La rente sera de 60 francs, s'il y en a cinq. 50 francs, s'il y en a six, etc. Les remarques faites précédemment et visant la disparition d'un ayant droit s'appliquent encore au cas présent, le total des rentes s'élevant au maximum (300 francs, 30 %), tant qu'il reste trois bénéficiaires ou davantage, chacun recevant 100 francs (10 %), dès qu'il en reste moins de trois.

TABLEAU SYNOPTIQUE indiquant (en cas de décès de la victime) le montant des rentes à allouer aux ayants droit, dans les divers cas qui peuvent se présenter. (Francisque Guyon. — Loi du 9 avril 1898. — Texte expliqué.)

TAUX	HYPOTHÈSES
0	La victime ne laisse ni conjoint (non divorcé, ni séparé), ni enfant âgé de moins de 16 ans, ni ascendant, ni descendant à sa charge.
10 °/₀ du salaire	La victime laisse un ascendant ou un descendant (autre qu'un enfant) à sa charge.

20 % —
- La victime laisse :
  - *a)* 1 conjoint (non divorcé, ni séparé),
    ou bien
  - *b)* 1 enfant et pas de conjoint,
    ou bien
  - *c)* 2 ascendants ou descendants à sa charge.

30 % — La victime laisse 3 (ou plus) ascendants ou descendants à sa charge.

35 % — La victime laisse 1 conjoint et 1 enfant.

40 % — La victime laisse 2 enfants (pas de conjoint).

45 % — La victime laisse 1 conjoint et 2 enfants.

55 % — La victime laisse 1 conjoint et 3 enfants.

60 % —
- La victime laisse :
  - *a)* 1 conjoint et 1 enfants ou plus,
    ou bien
  - *b)* 3 enfants ou plus et pas de conjoint.

Exceptions aux dispositions précédentes.

1° INDEMNITÉS. *1re Exception*. — Nous avons vu que pour le conjoint survivant, un nouveau mariage lui fait perdre son droit à la rente, et qu'il reçoit, pour toute indemnité, une somme égale à trois fois le montant de la pension.

2e Exception. OUVRIERS ÉTRANGERS. — Les ouvriers étrangers sont placés dans la même situation que les ouvriers français quant à leur droit aux indemnités et aux droits de leur famille.

Néanmoins :

a) L'ouvrier étranger, victime d'accident, *qui cesse de résider sur le territoire français, reçoit*, pour toute indemnité, *un capital égal à 3 fois la rente* qui lui était allouée. (art. 3, § C.)

Si cet ouvrier ne résidait pas en France au moment de l'accident, il est assimilable à celui qui a cessé d'y résider depuis l'accident ; il sera donc indemnisé de la même manière (capital = à 3 fois la rente) (Cour d'Appel de Douai, 14 novembre 1900).
et il importe peu, d'ailleurs, que depuis l'accident il ait loué une maison en France (même jugement).

b) Les représentants d'un ouvrier étranger ne recevront aucune indemnité si, au moment de l'accident, *ils ne résidaient pas sur le territoire français* (art. 3, § C), et cette résidence s'entend, non d'une *résidence* de droit, mais *de fait*. (Nice, 2 janvier 1901.)

De plus, la 1re Chambre du Tribunal civil de la Seine a décidé (7 novembre 1900) que les représentants de l'ouvrier étranger, qui ne résidaient pas en France au moment de l'accident, et qui, par suite, n'ont droit à aucune indemnité, en vertu de la loi du 9 avril 1898, ne sont pas davantage fondés à prétendre exercer l'action de l'article 1382 du Code civil.

REMARQUE. — Une question importante se pose, au regard des représentants de l'ouvrier étranger qui, résidant en France au moment de l'accident, retournent plus tard dans leur pays. En l'absence de dispositions législatives visant ce cas particulier, il semble naturel que le service de la Rente leur soit continué. — Il y a là une anomalie que les décisions juridiques peuvent, nous semble-t-il, faire disparaître. En effet, les raisons qui font accorder à l'ouvrier étranger, qui quitte la France, un capital (3 fois la rente) en échange de sa pension, se présentent avec la même force pour ses représentants, dans la même situation. En attendant une modification dans ce sens au texte de l'art. 3, § c, il nous paraît possible que des décisions juridiques interprètent ainsi ses dispositions.

CONCLUSION. — Ces dernières dispositions de la loi, qui diminuent la responsabilité de l'industriel, dans le cas où il emploie des ouvriers étrangers ou célibataires, ont pu faire craindre l'emploi exclusif d'ouvriers de ces deux dernières catégories. L'expérience a prouvé que cette crainte était chimérique, surtout avec le mécanisme de l'assurance. Il était impossible, en effet, pour la fixation de la prime, de tenir compte des charges de famille, ou de la nationalité de l'ouvrier, et d'escompter son départ de France. L'assurance égalise les risques, elle est donc le refuge presque obligé de tous les patrons soucieux de leurs intérêts. D'autre part, la question ne se posait que pour *les accidents mortels*. Or, ces accidents sont heureusement assez rares (moins de 1 sur 2,000 ouvriers employés, en comprenant dans la statistique les entreprises de transport) (1) et leur nombre diminuera encore au fur et à mesure que la protection des mécanismes sera plus complète. On s'explique donc pourquoi l'application de la loi n'a amené aucun changement dans la nature des ouvriers employés dans l'industrie.

---

(1) En 1901, 1,521 accidents mortels ont été déclarés au Service de l'Inspection du travail sur plus de 2,800,000 ouvriers employés dans l'industrie. Dans ce nombre d'ouvriers ne sont pas compris, les employés ou ouvriers des entreprises de transport, des exploitations agricoles et d'autres établissements soumis à la loi de 1898 (marchands de vins, bouchers, boulangers) et qui fournissent une grande partie des accidents mortels.

2° OBLIGATIONS DES INDUSTRIELS. — L'application des dispositions de la loi de 1898 est entièrement à la charge des chefs d'industrie, qui ne peuvent s'y dérober (art. 3) ; néanmoins, deux exceptions sont apportées par la loi elle-même à cette disposition générale.

1ʳᵉ Exception. — L'article 5 décide que les chefs d'entreprise peuvent se décharger, pendant les trente, soixante ou quatre-vingt-dix premiers jours à partir de l'accident, de l'obligation de payer aux victimes les frais de maladie et tout ou partie de l'indemnité journalière, sous la triple condition :

1° Qu'ils ont affilié leurs ouvriers à une Société de Secours mutuels, dont les statuts renferment les clauses spéciales comprises dans un statut-type approuvé par le Ministre de l'Intérieur ;

2° Qu'ils ont pris à leur charge une quote-part de la cotisation, qui aura été déterminée, d'un commun accord, entre eux et leurs ouvriers, mais qui ne devra pas être inférieure au tiers de cette cotisation ;

3° Que cette société assure à ses membres, en cas de blessures, pendant trente, soixante ou quatre-vingt-dix jours, les soins médicaux et pharmaceutiques et une indemnité journalière.

En ce cas, et si l'indemnité servie par la société est inférieure à la moitié du salaire quotidien de la victime, les chefs d'entreprise sont tenus de lui verser la différence.

2° Exception. — Pour les *mines, minières, carrières* et *autres industries* ayant créé, conformément aux dispositions de la loi du 29 juin 1894, des Caisses ou Sociétés de secours en faveur de leurs ouvriers, les exploitants pourront se libérer du paiement des frais médicaux et pharmaceutiques et de l'indemnité journalière, à condition de verser à ces caisses une subvention annuelle dont le montant et les conditions devront être acceptés par la Société et approuvés par le Ministre des Travaux publics (exploitations minières) ou le Ministre du Commerce et de l'Industrie (autres industries).

§ 3. SALAIRES DE BASE. (art. 3, 8 et 10.)

Pour appliquer, d'une façon équitable et uniforme, les dispositions qui précèdent, relatives aux indemnités de toute nature et aux rentes, il était nécessaire de déterminer le salaire qui servirait de base à l'appréciation du dommage.

Deux cas se présentent, selon que l'accident a entraîné la mort ou bien une incapacité permanente, ou selon qu'il n'a causé à la victime qu'une incapacité temporaire. Nous étudierons successivement ces deux cas.

1° *Mort ou incapacité permanente.* — Dans le cas de mort ou d'incapacité permanente, il n'est question que du *salaire annuel*. Comment est calculé ce salaire annuel ?

a) Le salaire servant de base à la fixation des rentes s'entend pour l'ouvrier occupé dans l'entreprise *pendant les 12 mois écoulés avant l'accident,*
« *de la rémunération effective* » qui lui a été allouée pendant ce temps, soit en argent, soit en nature (logement, chauffage, éclairage, nourriture, etc.) (art. 10, § 1.)

Par exemple, l'*indemnité de résidence* représente un supplément et doit être comprise dans le calcul du salaire de base (Narbonne, 17 juillet 1900 — Etampes, 15 janvier 1901) : il en est de même de l'*indemnité de logement* (Briey, 15 février 1900 — Toulouse, 19 mai 1900), de l'*indemnité de déplacement,* dont une partie représente un bénéfice net (Nancy, 18 octobre 1899 — Dijon, 18 janvier 1900), des *primes allouées aux ouvriers des Compagnies de Chemins de fer* pour entretien de machines ou économies de combustible (Bourges, 7 juin 1900 — Narbonne, 17 juillet 1900 — Corbeil, 9 août 1900. — Cour d'Appel, Bourges, 26 novembre 1900), de la *nourriture* fournie à l'ouvrier avec persistance et régularité (Mayenne, 23 mars 1900), des *retenues sur les salaires,* pour versements à la Caisse des Retraites, à une caisse de secours, pour amendes, outils (Valenciennes, 17 novembre 1899 — Sarlat, 13 décembre 1899), des *prestations de charbon,* accordées par certaines Compagnies minières, en vertu des règlements, alors même que ce combustible serait sans valeur marchande (Arras, 14 août 1900), des *prestations en nature* (Seine, Vacations, 2 octobre 1900), des *pourboires et gratifications* (Vienne, 8 juin 1900. — Cour d'Appel, Grenoble, 8 août 1900), au moins en partie, si cette partie représente un travail supplémentaire. (Cour d'Appel de Paris, 5 janvier 1901.)

Si l'ouvrier travaille ou est payé à la journée, *son gain annuel* s'obtient en *multipliant le salaire journalier* par le *nombre de journées de travail effectif* (Besançon, 21 décembre 1899 — Seine, 6 janvier 1900 — Moulins, 5 juin 1900) (Cour de Cassation, 3 décembre 1901),
ou bien par le chiffre fixe de *300 jours* (Cour d'appel de Besançon, 11 avril 1900. — Rouen, 11 mai 1900. — Chambéry, 8 décembre 1900, etc., etc.).

ou par le chiffre fixe de *305 jours* (Saint-Amand, 27 décembre 1900),

ou encore par le chiffre de *310 jours* (Ambert, 5 juin 1900).

A notre avis, ce que l'on doit compter comme journées de travail, c'est le nombre effectif de jours où l'ouvrier a travaillé effectivement, sans s'arrêter à un nombre fixé à l'avance. Il est par cela même évident que, si l'ouvrier a travaillé plusieurs dimanches ou jours fériés, on doit les ajouter au nombre de journées ordinaires de travail.

Néanmoins, il peut se faire que, pour une *cause involontaire* (chômage, maladie, etc.), l'ouvrier n'ait travaillé pendant les 12 mois écoulés que pendant un nombre de jours notablement inférieur au nombre normal de jours de travail de l'année. Les tribunaux ont décidé que, dans ce cas, ces journées d'absence provenant de causes accidentelles indépendantes de la volonté de l'ouvrier, devaient être évaluées et entrer dans le calcul du salaire de base (Hazebrouck, 10 mars 1900 — Châlon-sur-Saône, 20 mars 1900). Par contre, les journées de chômage, dont la cause est normale, prévue, régulière (froid, neige, intempéries, etc.), n'entrent pas dans le calcul de ce même salaire (Cour d'Appel d'Aix, 3 août 1900).

Enfin la Cour d'Appel de Dijon a jugé que la **grève** pouvait être, selon les circonstances, une cause de chômage volontaire ou involontaire, et qu'il appartenait aux tribunaux de rechercher si les circonstances de la grève auraient ou non permis à l'ouvrier de travailler (3 juillet 1900).

b) Pour *l'ouvrier employé pendant moins de 12 mois* avant l'accident, le salaire annuel de base doit s'entendre de la rémunération effective qu'il a reçue depuis son entrée dans l'entreprise, augmentée de la rémunération moyenne qu'ont reçue les ouvriers de la même catégorie pendant la période complémentaire. (art. 10, § 2.) (Narbonne, 30 janvier 1900.)

Il ne se présente pas de difficulté pour l'application de cette règle générale.

c) Dans les industries sujettes à la morte-saison, morte-saison annuelle (fabriques de sucre, féculeries, etc.), semestrielle (fabriques de chaussures, modes, etc.) ou hebdomadaire (blanchisseries, etc.), le salaire de base de l'ouvrier comprend :

Outre les sommes qu'il a gagnées dans l'entreprise où l'accident est survenu, le gain réalisé ailleurs pendant la période de morte-saison (Vesoul, 14 novembre 1899 — Nancy, 18 juillet 1900),

même pour un travail non salarié exécuté pour son propre compte (Lectoure, 3 janvier 1900 — Mâcon, 8 août 1900),

par exemple pour la culture de ses propriétés (Brioude, 14 février 1900),

ou pour un travail exécuté pour le compte d'autrui (Arras, 29 mars 1900).

Il est bien évident que le gain de l'ouvrier qui cultive ses propriétés ne doit comprendre que son salaire comme ouvrier, et non les bénéfices qu'il peut faire comme chef d'exploitation (Angoulême, 23 janvier 1901).

2° Incapacité temporaire. — En cas d'incapacité temporaire, le salaire journalier de l'ouvrier, le seul dont il soit question, est calculé, non sur le salaire réel auquel il a droit pour la journée la plus rapprochée de l'accident, mais sur la moyenne de la dernière quinzaine au cas où il est payé d'après les produits de son travail (Cour d'appel de Dijon, 13 juin 1900), par exemple, s'il travaille aux pièces. Dans tous les autres cas (travail à la journée, au mois, à l'heure), le salaire journalier est le salaire effectif du jour de l'accident (Justice de paix de St-Etienne, 27 octobre 1899, et Paris, XVII° arrondissement, 28 mars 1900.)

Exceptions à ces Règles générales.

1° Exception. — Elle vise la fixation du salaire journalier ou du salaire annuel de l'ouvrier âgé de moins de 16 ans et de l'apprenti.

L'apprenti, lié à son patron pour une période déterminée par un contrat verbal, écrit ou tacite, ne reçoit aucun salaire proprement dit, mais seulement une rétribution hebdomadaire minime.

L'ouvrier âgé de moins de 16 ans (mousse ou apprenti manœuvre, ou ouvrier dont l'apprentissage est terminé) reçoit un salaire inférieur.

En cas d'accident, tous deux sont assimilés aux ouvriers adultes de la même catégorie qui reçoivent le plus bas salaire.

Ainsi, le mousse sera assimilé au manœuvre, l'apprenti au dernier ouvrier spécialiste de sa profession; chacun étant comparé à l'ouvrier adulte de la profession à laquelle il se destine.

Si, dans l'atelier, il n'existe aucun ouvrier adulte de la catégorie comme terme de comparaison, il y aura lieu de prendre pour base du salaire celui des ouvriers valides récemment employés dans l'entreprise, dans des entreprises analogues de la localité ou des localités voisines et semblables.

Cela résulte de deux avis du Comité consultatif.

En cas d'incapacité temporaire, la loi décide que l'indemnité journalière de l'ouvrier âgé de moins de 16 ans ne pourra dépasser le montant de son salaire.

Des dispositions qui précèdent, il résulte :

1° Que l'enfant employé comme *mousse* ou *apprenti manœuvre*, et qui est âgé de 16 ans révolus au jour de l'accident, voit son incapacité réglée selon les principe de la loi de 1898, comme pour un autre ouvrier, c'est-à-dire sans majoration.

2° Au contraire, l'apprenti, quel que soit son âge, qui n'a pas achevé son apprentissage, est considéré comme un adulte, au point de vue du salaire.

La situation de l'apprenti est donc plus favorable que celle de l'ouvrier de moins de 16 ans. Et il est juste qu'il en soit ainsi, en raison des frais qu'a nécessité l'apprentissage de la profession.

2ᵐᵉ Exception. — Situation faite sous le régime de la loi de 1898 aux ouvriers à salaire élevé (1). (Plus de 2,400 francs de salaire annuel). Dans ce cas, les ouvriers ne bénéficient des dispositions de la loi (rentes, indemnités journalières) que jusqu'à concurrence de cette somme. Pour le surplus, ils n'ont droit qu'au quart des rentes stipulées à l'article 3.

Ainsi, un ouvrier qui a 4,000 francs de salaire annuel recevra :

Incapacité permanente absolue :

$$1^{re} \text{ part, } 2400 \times \frac{2}{3} \qquad \qquad 1600^f \text{ »}$$

$$2^{me} \text{ part, } 1600 \times \frac{2}{3} \times \frac{1}{4} = 266,66$$

$$\overline{\qquad\qquad\qquad 1866,66 \quad \text{de rente viagère.}}$$

Incapacité permanente partielle (réduction des 3/4, soit réduction de 3000 francs) :

$$1^{re} \text{ part, } 2400 \times \frac{1}{2} = 1200 \text{ fr.}$$
$$2^{me} \text{ part, } 600 \times \frac{1}{8} = 75$$
$$\overline{\quad 1275 \text{ fr.}}$$

L'incapacité temporaire, au contraire, est réglée comme pour les ouvriers ayant moins de 2,400 francs de salaire annuel, c'est-à-dire que l'indemnité journalière est égale à la 1/2 du salaire journalier. Le salaire journalier étant de 13 fr. 33, l'indemnité journalière sera de 6 fr. 66.

Des conventions contraires peuvent élever le chiffre de la quotité des rentes, mais à condition que ces rentes, pour le surplus, restent dans les limites des articles 2 et 3.

§ 4. FAUTE INEXCUSABLE.

Nous disions précédemment que, dans le cas de faute inexcusable du patron ou de l'ouvrier, l'indemnité pouvait être augmentée ou diminuée (voir des Accidents du travail), c'est-à-dire, que celui qui a commis la faute inexcusable en supporte une partie des conséquences. Mais la loi n'en tient aucun compte pour le calcul de l'indemnité journalière qui est invariable. La faute inexcusable n'intervient que dans la réduction ou la majoration des rentes (mort ou incapacité permanente), (article 20).

1° **Faute inexcusable du patron.** — Si la faute inexcusable est imputable au patron ou à ceux qu'il s'est substitués dans la direction, l'indemnité pourra être majorée, mais sans que la rente ou le total des rentes allouées puisse dépasser soit la réduction (la rente est alors doublée), soit le montant du salaire (chiffre de la rente multiplié par 1 ½).

2° **Faute inexcusable de l'ouvrier.** — Dans ce cas, le tribunal peut diminuer la rente allouée à la victime ou celles allouées aux ayants droit.

Mais en cette occurence, le tribunal peut-il diminuer les rentes jusqu'à les rendre illusoires, les abaisser jusqu'à un franc par exemple ? Oui, évidemment, d'après le texte.

Cependant, si l'on examine le droit du tribunal, on voit que la situation faite au patron serait ainsi beaucoup plus avantageuse que celle faite à l'ouvrier.

Pour ramener l'égalité, il serait à désirer que des décisions juridiques viennent affirmer (par analogie avec ce qui se passe en cas de faute inexcusable du patron), que la rente ne pourra être inférieure au quart de la réduction (incapacité partielle ou mort), ou à la moitié du salaire (incapacité absolue). (1)

« En substituant, dans le texte final, à la formule classique de *faute lourde*, la formule nouvelle de *faute inexcusable*, le législateur a certainement voulu indiquer et imposer au juge une restriction plus grande. Pour qu'il y ait faute vraiment inexcusable au sens de la loi, il ne suffit pas que le patron ait transgressé des prescriptions légales ou administratives, omis des précautions possibles, manqué même gravement de prévoyance ou de diligence. Il ne suffit pas davantage que l'ouvrier ait été maladroit, inattentif, imprudent, intempérant, qu'il ait enfreint un ordre ou un règlement. Il faut que, de la part du patron ou de l'ouvrier, il y ait quelque chose de plus qu'une faute passive, si grave, si lourde, si grossière soit-elle ; il faut qu'il y ait un acte conscient, allant jusqu'au mauvais vouloir, *confinant au dol* et, pour tout dire, *se rapprochant de la faute intentionnelle* et tendant à se confondre avec elle. » (2)

Il est regrettable que quelques tribunaux n'aient pas toujours appliqué les règles si sages données dans ces éloquentes paroles.

QUELQUES EXEMPLES. — L'ouvrier se met en état de faute inexcusable par la désobéissance aux ordres formels du patron ou du contre-maître (Dunkerque, 2 février 1900. — Paris, Cour d'appel, 5 novembre 1902) ou aux avertissements réitérés du patron (Limoges, Cour d'appel, 19 décembre 1900). Solution contraire (Uzès, 30 mai 1900).

Ivresse. — L'état d'ivresse ne constitue pas la faute inexcusable, d'après la Cour d'appel d'Orléans (8 décembre 1900). Au contraire, la Cour d'appel de Paris (24 novembre 1900, 3 juin 1902, 5 novembre 1902) juge que l'ivresse constitue la faute inexcusable de l'ouvrier. Enfin, selon la Cour d'appel de Nancy (20 décembre 1900), pour que l'ivresse constitue une faute inexcusable, il est nécessaire que cet état soit la cause certaine et directe de l'accident.

---

(1) Dans notre ouvrage « Législation Industrielle — Réglementation du travail », nous traitons plus longuement cette intéressante question.

(2) Georges PAULET, *loc. cit.*

D'après certains tribunaux, *l'imprudence* de l'ouvrier (Narbonne, 21 février 1900. — Angers, Cour d'appel, 16 janvier 1900), *l'inobservation* des *règlements publics* de voirie (Narbonne, 13 février 1900. — Lyon, 5 avril 1900), le fait de travailler à une machine sans se servir du *protecteur réglementaire* (Beauvais, 11 janvier 1900) constituent la faute inexcusable de l'ouvrier.

D'après d'autres tribunaux, au contraire, l'emploi dans un atelier d'une *machine dangereuse* (presse à friction) (Châlon-sur-Saône, 22 novembre 1899), le *défaut de protection* des *appareils dangereux* (pas de garde-navette, de rouleau-presseur, de garde-corps aux échafaudages, défaut de protection d'une fendeuse, d'une fraise, d'une dégauchisseuse, d'une scie circulaire). (Les Andelys, 23 janvier 1900, et Cour d'appel de Douai, 19 juin 1900. — Corbeil, 3 août 1900. — Mâcon, 6 mars 1900. — Cours d'appel de Rouen, 7 avril 1900, Nancy, 7 août 1900. Tribunaux civils de la Seine, 8 septembre 1900, Pontoise, 14 novembre 1900, etc., etc.) ne constituent pas la faute inexcusable du patron.

L'ouvrier couvreur tombé d'un toit, qui dissimulait sur lui deux feuilles de zinc dérobées, a commis la faute inexcusable (Moulins, 5 juin 1900).

Enfin, si quelques tribunaux ont jugé que la faute inexcusable est personnelle au patron (Marseille, 17 janvier 1900. — Lyon, 22 juin 1900), d'autres, au contraire, ont décidé qu'elle pouvait résulter du fait de ses préposés (Florac, 23 mars 1900. — St-Sever, 6 avril 1900. — Cours d'appel de Pau, 2 août 1900, et de Riom, 4 avril 1900).

§ 5. FORME DE L'INDEMNITÉ.

En vertu de l'article 3, cette indemnité est une rente, non un capital (rente de 1/2 salaire pendant l'incapacité temporaire, rente viagère en cas de mort ou d'incapacité permanente). En prenant cette décision, le législateur a voulu garantir l'ouvrier contre les chances de dissipation du capital en assurant des ressources à lui et à sa famille. Ces rentes, incessibles et insaisissables, ne peuvent être transformées en capital « ni par l'accord des parties, ni par la décision du juge, ni avant, ni après la liquidation; » l'article 30 frappant de nullité toute convention dérogatoire. La convention, dit le Tribunal Civil de Rouen, par laquelle le patron et l'ouvrier convertissent la rente en capital est illicite, et chaque partie peut toujours en obtenir la rescision.

Néanmoins, dans certains cas prévus par les articles 9 et 21, l'indemnité peut être remplacée par une autre réparation :

1° Sont remplacées de plein droit par un capital égal au triple de la rente, les indemnités viagères liquidées au profit du *conjoint qui se remarie* ou de *l'ouvrier étranger qui cesse de résider* sur le territoire français ;

2° La victime et l'industriel peuvent momentanément et d'un commun accord remplacer le paiement de la pension par tout autre mode de réparation ;

3° Si la pension n'excède pas cent francs, elle peut, quel qu'en soit le titulaire, être remplacée par le paiement d'un capital ;

D'autre part, lors du règlement définitif de la rente viagère, après le délai de révision de 3 ans prévu à l'article 19, le tribunal peut, à la demande de la victime, suivant le cas, et s'il le juge à propos :

4° Faire verser à la victime le quart au plus du capital constitutif de la rente, calculé d'après les tarifs dressés pour les victimes d'accidents par la Caisse des retraites pour la vieillesse ;

5° Ou bien constituer avec ce capital, ou ce capital réduit du quart au plus (cas précédent), une rente viagère réversible, pour moitié au plus, sur la tête de son conjoint.

Comme il ne peut résulter de cette réversibilité aucune charge nouvelle pour le chef de l'entreprise, il en résulte que la rente totale sera diminuée dans une certaine mesure.

L'importance de ces deux dernières décisions est extrême, elle n'échappera pas à nos lecteurs. Elles permettent, en effet, d'accorder à la victime un capital qui pourra lui servir à fonder un modeste établissement, tout en lui garantissant les trois quarts de sa rente, et, de plus, elles assurent au conjoint survivant une rente suffisante pour être à l'abri du besoin quand le chef de la famille aura disparu.

Si la victime décède d'abord, le conjoint jouira d'une rente égale au plus à la moitié de la rente totale ; si, au contraire, c'est le conjoint qui décède le premier, la victime conservera jusqu'à sa mort l'intégralité de sa rente.

§ 6. ÉPOQUE DU PAIEMENT DES INDEMNITÉS

La loi est muette sur la date du paiement des indemnités.

Rentes. — En cas d'incapacité permanente ou de décès, les décisions relatives au paiement de la rente trimestrielle (art. 3) sont nombreuses, mais contradictoires. Les Cours d'Appel de Besançon, Paris, Lyon. Pau, Dijon, Orléans, Rouen (année 1900) ont statué que le paiement de la rente ne peut être exigé qu'à *terme échu*. Plus de trente tribunaux civils ont jugé dans le même sens. Au contraire, les tribunaux civils de Lavaur, Tours, Nice, Riom, Andelys, Bourg, Lyon, Brioude, Montluçon, Villefranche, Fontainebleau, Marseille, Montpellier, etc., etc. (année 1900), ont décidé que la rente était due par trimestre et *d'avance*, et cela, ajoute le Tribunal des Andelys, *à raison de son caractère alimentaire*. Enfin la Cour d'Appel de Douai (5 avril 1900) et plusieurs tribunaux ont jugé que les tribunaux ont le pouvoir d'apprécier, suivant les circonstances, si la rente doit être payée d'avance ou à terme échu.

Ajoutons que la rente est payable au domicile du débiteur (industriel ou assureur) (décisions juridiques). Pourtant le Tribunal de Clermont a jugé que la rente est payable au domicile du rentier (1900).

Point de départ de la rente. — Nous rappelons qu'il a été fixé au jour de la consolidation de la blessure. (Voir incapacité temporaire et incapacité permanente partielle.)

Indemnité journalière. — En cas d'incapacité temporaire, les époques de paiement de l'indemnité peuvent être équitablement fixées aux époques usitées pour le paiement des salaires dans l'industrie à laquelle appartient la victime (Justices de paix de Paris, XI', 6 décembre 1899 — La Chaise-Dieu, 22 mars 1900 ; Tribunaux civils de Marvejols 28 mars 1900, de Chalon-sur-Saône, 17 décembre 1899), soit par huitaine, soit par quinzaine.

SECTION III

Prescription, Compétence et Procédure
Révision des Indemnités [1].

§ Ier PRESCRIPTION (art. 18).

L'action en indemnité prévue par la loi se prescrit par un an à dater : du jour de l'accident, ou de la clôture de l'enquête par le juge de paix, ou de la cessation du paiement de l'indemnité temporaire (art. 18), ces trois points de départ étant exclusifs l'un de l'autre, et le plus éloigné du jour de l'accident devant seul être pris comme commencement du délai de prescription. En effet, le législateur, en fixant ces trois époques, n'a pas voulu donner aux tribunaux le droit de choisir arbitrairement entre elles, mais seulement prévoir les divers cas qui pouvaient se produire, ces trois événements (accident, enquête, cessation de paiement de l'indemnité) se présentant dans cet ordre, et les deux derniers pouvant ne pas exister par suite du défaut de déclaration ou de la mauvaise volonté du patron ou de son assureur.

Cette prescription d'un an est susceptible d'interruption dans les termes du droit commun. « Cette prescription, d'après la jurisprudence, ne court pas contre les mineurs et les interdits (art. 2,252 C. C.) (Tribunal de Rouen, 17 janvier, 21 mars 1901. Coulommiers, 4 avril 1901). L'offre, même non acceptée d'une pension, le paiement volontaire par le patron de l'indemnité journalière ont été considérés, dans plusieurs décisions de justice comme constituant la reconnaissance de dette prévue par l'article 2,248 du Code civil, et comme ayant pour effet d'interrompre la prescription, même en ce qui touche l'indemnité pour incapacité permanente (arrêts de la Cour d'Appel de Rouen, du 6 avril 1901). [2] »

---

[1] En raison du vote de la loi du 22 mars 1902, le présent chapitre a dû être, non seulement complété, mais entièrement refondu.

[2] Circulaire du Garde des Sceaux du 22 août 1901.

De plus, comme en toute matière, la prescription en matière d'accidents du travail est interrompue par une citation en justice.

Pour l'ouvrier, il en résulte que trois cas peuvent se présenter :

1° Si le patron a déclaré l'accident (conséquence : enquête du juge) et payé l'indemnité journalière, la victime aura un délai d'un an à partir du jour de la consolidation de la blessure (guérison ; cessation de paiement de l'indemnité journalière) pour faire valoir ses droits à une rente viagère pour incapacité permanente ;

2° Si le patron a déclaré l'accident, mais a refusé de payer l'indemnité de 1/2 salaire, le délai d'un an courra de la fin de l'enquête du juge. Il en sera de même en cas de mort de la victime ;

3° Le patron n'a pas déclaré l'accident et par suite ne paie pas l'indemnité journalière. Dans ce cas, l'ouvrier, ou ses représentants, ont un an pour déclarer l'accident ; ils ont un nouveau délai d'un an pour exercer les poursuites à partir de la fin de l'enquête du juge de paix qui fait suite à la déclaration d'accident.

Bien que ces divers délais soient assez longs, il est de toute importance que les victimes ou leurs familles fassent toute diligence pour réclamer le montant des indemnités mises à la charge de l'industriel par la loi-accidents, et ne pas s'exposer à se voir déclarés forclos.

§ 2. COMPÉTENCE ET PROCÉDURE

a) *Déclaration d'accident* (art. 11 et 14). Tout accident ayant occasionné une incapacité de travail (même de quelques heures) doit être déclaré dans les 48 heures, non compris les dimanches et jours fériés, par le chef d'entreprise ou ses préposés, au maire de la commune (du lieu de l'accident).

Ce délai est compté d'heure en heure, et il est augmenté d'autant de fois 24 heures qu'il y a de jours fériés à le traverser.

Ex. : Accident survenu le samedi 12 juillet à 9 heures du matin. Le délai de déclaration expire le mercredi 16 juillet à la même heure (4 jours, en raison du dimanche et du jour férié).

Cette déclaration, qui peut aussi être faite *facultativement par la victime* dans le *délai d'un an*, est obligatoire pour le patron « sans que celui-ci puisse soulever, pour justifier l'absence de déclaration, une contestation sur le caractère professionnel de l'accident » (simple police, Paris, 25 avril 1900). Elle est obligatoire même si l'ouvrier n'a pas déclaré l'accident à son patron (simple police, Chartres, 6 avril 1900), ou si la victime a pu reprendre son travail avant l'expiration du délai de déclaration ». (Simple police, Paris, 4 mai 1900). Quelle que soit la suite que comportera l'accident, il est nécessaire que la déclaration soit faite en vue de l'établissement des statistiques de l'Inspection du travail. D'autre part, il est raisonnable de dire que le patron n'a pas qualité pour décider par avance si l'accident est survenu ou non à l'occasion du travail.

Pour mettre le juge à même de trancher la question, il est donc de toute nécessité que l'accident soit déclaré.

L'absence de déclaration dans les délais légaux est punie d'une amende de 5 à 15 francs et de 16 à 300 fr. en cas de récidive.

b) *Certificat médical.* Dans les quatre jours qui suivent l'accident, si la victime n'a pas repris son travail, le chef d'entreprise doit déposer à la mairie un certificat médical indiquant : l'état de la victime, les suites probables de l'accident et l'époque à laquelle il sera possible d'en connaître le résultat définitif. La défalcation des dimanches et des jours fériés n'est point applicable à ce délai de 4 jours.

Il en résulte que, seuls les accidents ayant occasionné une incapacité de travail de plus de 4 jours, donnent lieu à la production du certificat médical, qui peut, d'ailleurs, être déposé en même temps que la déclaration d'accident.

La conséquence de ces nouvelles dispositions, c'est qu'elle évite aux exploitants, pour les accidents bénins, la perte de temps et les frais que peut impliquer la production du certificat médical.

D'après la circulaire ministérielle du 23 mars 1902, les chefs d'industrie sont responsables de la régularité des certificats médicaux exigibles à l'appui de leurs déclarations, et ils n'échappent pas aux sanctions de l'article 14, lorsque ces certificats ne répondent pas aux prescriptions du troisième alinéa de l'article 11 ; de plus, rien ne saurait décharger le chef d'entreprise de la production du certificat médical régulier, et, au cas exceptionnel où il ne pourrait l'obtenir du médecin de son choix, il aurait à s'adresser à la justice pour se mettre en règle avec la loi. (1)

---

(1) Le certificat médical, exempt du timbre, n'est pas nécessairement délivré à titre gratuit.

c) Récépissés. — Récépissé de la déclaration d'accident et récépissé de dépôt du certificat médical sont remis séance tenante au déclarant.

Si la déclaration et le certificat médical sont produits en même temps, les deux récépissés sont remis à la fois à l'intéressé.

REMARQUE. — Le certificat médical doit, aux termes du décret du 23 mars 1902, être accompagné d'une déclaration de dépôt de certificat médical (modèle IV). La production de cette pièce, conservée dans les archives de la mairie, est obligatoire pour les industriels au même titre que la déclaration primitive de l'accident. Elle forme le complément de cette déclaration pour les accidents graves. Aussi, si les assureurs négligent de la remettre à l'industriel, celui-ci doit personnellement l'établir.

d) Procès-verbal de déclaration. — Procès-verbal de la déclaration d'accident est dressé par le Maire, dans la forme réglée par le décret du 23 mars 1902. Tous ces procès-verbaux sont rédigés sur un registre spécial (modèle III).

e) Avis à la Justice de paix. — Dans les 24 heures qui suivent le dépôt du certificat médical, et, au plus tard, dans les cinq jours qui suivent la déclaration de l'accident, le maire transmet au juge de paix du canton où l'accident s'est produit *la déclaration* et, *soit le certificat médical,* soit *l'attestation qu'il n'a pas été produit de certificat.*

Il résulte de ces prescriptions nouvelles que, dans tous les cas, l'avis à la Justice de paix doit être transmis ; le Maire n'a plus à se faire juge de l'utilité de cette transmission.

f) Avis au Service de l'Inspection. — Dans le même délai que l'avis au Juge de paix, le Maire donne avis de l'accident survenu, à l'Inspecteur du travail ou à l'Ingénieur ordinaire des Mines chargé de la surveillance de l'entreprise, mais seulement pour les accidents ayant occasionné une incapacité de travail de 4 jours au moins.

Enquête du Juge de Paix (art. 12 et 13).

L'enquête du Juge de paix a une très grande importance, puisque seule elle servira de base au règlement à intervenir entre le patron et la victime.

Lorsque, d'après le certificat médical, la blessure paraît devoir entraîner la mort, ou une incapacité permanente, absolue ou partielle de travail, ou lorsque la victime est décédée, le juge de paix procède, dans les *vingt-quatre heures*, à une enquête à l'effet de recher cher :

1° La cause, la nature et les circonstances de l'accident ;

2° Les personnes victimes et le lieu où elles se trouvent, le lieu et la date de leur naissance ;

3° La nature des lésions ;

4° Les ayants droit pouvant, le cas échéant, prétendre à une indemnité, le lieu et la date de leur naissance ;

5° Le salaire quotidien et le salaire annuel des victimes ;

6° La société d'assurance à laquelle le chef d'entreprise était assuré, ou le syndicat de garantie auquel il était affilié.

Pour cette enquête, la loi prescrit que le juge de paix doit se transporter auprès de la victime de l'accident, si elle se trouve dans l'impossibilité d'assister à l'enquête.

Cette enquête a d'ailleurs lieu contradictoirement, dans les formes prescrites, en présence des parties intéressées (patron, ouvrier, ayants droit), ou celles-ci convoquées d'urgence par lettre recommandée.

Le juge de paix peut, si le certificat médical lui paraît insuffisant, désigner un médecin pour examiner le blessé. Enfin il peut commettre un expert pour l'assister dans l'enquête (exception est faite pour : 1° les entreprises administrativement surveillées, mines, minières, carrières, appareils à vapeur, voies ferrées privées ; 2° les entreprises de l'État placées sous le contrôle d'un service distinct du service de gestion, comme les chemins de fer de l'État ; 3° les établissements nationaux où s'effectuent des travaux que la sécurité publique oblige à tenir secrets, tels que les établissements de la Guerre et de la Marine). Dans ces trois cas, les fonctionnaires chargés de la surveillance ou du contrôle de ces établissements, et, pour les Mines, les délégués-mineurs, transmettent au juge de paix, pour être joint au procès-verbal d'enquête, un exemplaire de leur rapport.

L'enquête est close dans le plus bref délai, et au plus tard dans les *dix jours* de l'accident (sauf impossibilité matérielle constatée au procès-verbal d'enquête). Les parties intéressées sont averties par lettre recommandée de la clôture de l'enquête et du dépôt de la minute au greffe ; pendant un délai de *cinq jours*, elles peuvent prendre connaissance de cette enquête et s'en faire délivrer une expédition affranchie du droit de timbre et d'enregistrement.

Passé ce délai de cinq jours, le dossier de l'enquête est transmis au président du tribunal civil de l'arrondissement.

REMARQUE. — De ce qui précède, il résulte que, bien que toutes les déclarations d'accidents soient transmises au juge de paix, ce dernier ne fait d'enquête que pour ceux qui peuvent entraîner l'attribution de rentes à la victime ou à ses ayants droit. Il peut donc arriver que le juge ne fasse pas d'enquête pour un accident très grave, si du certificat médical il ne découle pas qu'il en résultera une incapacité permanente pour la victime. Le devoir de la victime est alors, dans ce cas, de réclamer à un médecin de son choix — en lui donnant connaissance des décisions juridiques précédemment rendues — un certificat médical concluant à une incapacité permanente absolue ou partielle (certaine ou probable), et, muni de cette pièce, de faire à la mairie la déclaration d'accident prévue par l'article 11. Déclaration et certificat médical seront transmis au juge ; sur le vu du certificat médical, ce dernier fera son enquête et l'affaire suivra son cours.

Il en sera de même en cas d'aggravation de l'incapacité et de la transformation de la blessure temporaire en incapacité permanente.

Mais ici, une question se pose. La victime, ne pouvant faire qu'une seule déclaration, il en résulte que — le patron ayant refusé de déclarer l'accident — si la victime a fait, à sa place, une déclaration que nous pourrions qualifier de prématurée, elle se trouve, par ce fait même, empêchée de faire toute nouvelle déclaration en cas d'aggravation, de transformation du caractère de l'incapacité.

Afin d'éviter ce grave inconvénient, il est bon que la déclaration de la victime ou de ses représentants (délai d'un an après l'accident), ne soit faite, s'il est possible, que lorsque le caractère de l'incapacité est connu, dans le cas, évidemment rare, où il serait impossible d'attribuer un autre caractère que celui de temporaire à l'incapacité de travail susceptible de devenir permanente, par la suite.

Nous croyons, de plus, que dans le cas d'aggravation de la blessure et de la transformation de l'incapacité temporaire en incapacité permanente, et en cas de précédente déclaration, il sera toujours possible à la victime de déposer un second certificat médical, modifiant les conclusions du premier, et par suite déterminant l'enquête.

Compétence (art. 15, 16 et 17).

1) Toutes les demandes relatives aux frais de maladies, aux frais funéraires, aux indemnités journalières sont portées devant le *juge de paix*. Les décisions rendues par défaut sont susceptibles d'opposition. Enfin, tous les jugements peuvent être attaqués par la voie du recours en Cassation.

2) Les demandes relatives aux rentes et pensions sont portées devant le *tribunal civil* de l'arrondissement du lieu de l'accident. Les décisions du tribunal sont susceptibles d'opposition ou d'appel.

Elle peuvent être attaquées également par la voie du recours en Cassation.

Assistance Judiciaire (art. 22).

D'après la loi du 22 mars 1902, modifiant la loi du 9 avril 1898, l'assistance judiciaire s'applique :

1° Aux instances devant le juge de paix, le président du tribunal civil, devant le tribunal civil et à l'acte d'appel ;

2° A tous les actes d'exécution mobilière ou immobilière et à toute contestation incidente à l'exécution des décisions judiciaires.

Si la victime demande le bénéfice de l'assistance judiciaire devant la Cour d'Appel, elle sera dispensée de fournir les pièces justificatives de son indigence.

Enfin, devant la Cour de cassation, l'ouvrier ne jouit de l'assistance sur le pourvoi qu'il a formé qu'autant qu'il est admis par le bureau établi près la Cour de cassation.

Mode d'obtention de l'assistance judiciaire. — *a*) JUSTICE DE PAIX. — La victime demande au juge de paix, oralement ou par lettre, le bénéfice de l'assistance. Immédiatement, le juge fait désigner par le syndic des huissiers celui qui prêtera son ministère à l'ouvrier, et il informe de sa décision le receveur de l'enregistrement.

b) TRIBUNAL CIVIL. — La victime ou ses ayants droit adressent au Président du Tribunal une demande soumise au visa du Procureur de la République, qui vérifie si cette demande est formée en vertu de la loi du 9 avril 1898. Dans l'affirmative, c'est à ce magistrat « qu'incombe le soin de faire désigner l'*avocat*, l'*avoué* et l'*huissier* qui prêteront leur ministère à l'assisté ». (Circulaire du Garde des sceaux, du 10 juin 1899.)

c) ACTE D'APPEL. — La demande est adressée au Premier Président de la Cour, qui désignera l'avoué près la cour, dont la constitution figurera dans l'acte d'appel, et commettra un huissier pour le signifier.

d) COURS D'APPEL ET DE CASSATION. — L'ouvrier victime d'un accident continue à jouir du bénéfice de l'assistance si un appel est interjeté ou si un pourvoi est formé contre lui, même dans le cas où il serait incidemment appelant.

Au contraire, si l'appel ou le pourvoi sont formés par la victime, celle-ci ne jouit de l'assistance qu'après une demande sur laquelle il est statué par le bureau établi près la Cour d'appel ou la Cour de cassation.

Procédure devant la Justice de paix (art. 15).

Pour le règlement de l'indemnité journalière, et le paiement des frais médicaux, pharmaceutiques et funéraires, il n'est pas sans intérêt de rappeler que le *Juge de paix n'intervient qu'en cas de contestation*. Dans ce cas, voici ce que doit faire l'ouvrier. Demander au juge le bénéfice de l'assistance. Le juge appellera le patron en conciliation. Si la conciliation ne donne pas de résultat, le patron sera cité devant le juge de paix qui tranchera le différend en dernier ressort quel que soit le chiffre de l'indemnité.

Procédure devant le Tribunal civil (art. 16 et 17.)

Nous avons vu précédemment que le dossier de l'enquête faite par le Juge de paix est transmis par ce dernier au Président du Tribunal civil. Dans les cinq jours de la réception du dossier, le Président du Tribunal civil convoque la victime ou ses ayants droit et le chef de l'entreprise. D'après la loi, ce dernier peut se faire représenter. Il en est de même pour la victime d'après M. le Garde des sceaux : celle-ci, en effet, pourrait se trouver, en raison de son état, dans l'impossibilité de se présenter devant le Président.

A la suite de cette comparution des parties en conciliation devant le Président du tribunal, deux cas peuvent se présenter ?

1° **Le Président a mis d'accord les parties intéressées.** — Si un accord intervient dans la tentative de conciliation, le Président rend une ordonnance qui donne acte de cet accord et fixe le chiffre des indemnités viagères.

Cette ordonnance constitue un titre authentique de pension pour la victime ou ses ayants droit.

Disons toutefois que, d'après la Cour d'appel de Douai (19 juin 1900), cette ordonnance n'a pas de caractère juridictionnel, et une contestation peut être élevée sur cette ordonnance même après les délais d'appel.

§ 2· L'accord n'a pas lieu ou bien les parties ne se sont pas présentées. — Le Président, après avoir, selon le cas, rendu une ordonnance sommaire constatant que les parties n'ont pu se mettre d'accord, ou dressé un procès-verbal de non-conciliation pour cause de non-comparution, transmet les pièces au parquet pour le visa d'assistance judiciaire, et l'affaire est renvoyée à l'audience, le tribunal étant saisi au moyen d'une assignation délivrée par huissier (1). Le tribunal statue et son jugement constitue le titre de pension.

REMARQUES. — *a*) Des quelques explications qui précèdent, il résulte que c'est toujours au Tribunal civil (jugement) ou à son Président (ordonnance de conciliation) qu'il appartient de fixer le montant de la rente dans les conditions établies à la section II (des Indemnités). Il est indispensable d'appeler sur ce point l'attention des intéressés, parce que, en cas d'arrangement amiable, l'ouvrier victime d'un accident risquerait, une fois les délais de prescription écoulés (un an), de ne plus recevoir aucune indemnité.

Il n'en est pas de même des frais de toute sorte et de l'indemnité journalière, qui peuvent être fixés d'un commun accord. Ainsi que nous le disions plus haut, le juge de paix n'intervient qu'en cas de contestation.

b) Des différences d'appréciation se sont produites devant les tribunaux sur la question de savoir si les tribunaux civils sont ou non compétents pour assurer le règlement de toutes les conséquences de l'accident, même de l'indemnité journalière, alors qu'ils sont saisis d'une affaire à la suite d'une déclaration d'incapacité permanente, et même si, dans ce cas, le juge de paix est compétent.

La diversité des opinions et l'absence d'une décision de la Cour suprême, nous empêchent d'indiquer une solution généralement adoptée jusqu'à ce jour, solution unique qui n'existe pas. Toutefois, nous pouvons dire qu'à notre avis, en présence des termes de l'article 15, on peut admettre que le juge du premier degré est toujours compétent. La loi lui donne en effet le droit de statuer sur les frais funéraires. Or, dans la majorité des cas,

---

(1) Si la blessure n'est pas consolidée et s'il est impossible de prévoir l'importance de l'incapacité de travail qui résultera de l'accident, le président ne doit pas chercher à concilier immédiatement les parties, il doit renvoyer la tentative de conciliation à une date ultérieure (Circulaire du Garde des Sceaux du 22 août 1901). Une telle manière de faire ne présente plus aucun inconvénient pour le délai de prescription qui part de la consolidation de la blessure, en cas de paiement du demi-salaire.

le tribunal aura en même temps à statuer sur les rentes aux ayants droit. La solution contraire, si elle était généralement adoptée, aurait le grave inconvénient de retarder jusqu'au jour de la comparution devant le tribunal, l'attribution de l'indemnité journalière, ce que n'a certainement pas voulu le législateur. Il pourrait se faire aussi que, successivement, le juge de paix et le tribunal civil se déclarent incompétents, ce qui retarderait, dans des conditions absolument anormales, la solution du litige. Enfin, l'article 16 en disant dans son paragraphe 4 que, si la cause n'est pas en état, le tribunal sursit à statuer et l'indemnité temporaire continue à être servie jusqu'à décision définitive, reconnaît implicitement la fixation de l'indemnité journalière par une précédente juridiction.

c) Enfin, le tribunal pourra condamner le chef d'entreprise à payer une provision. Cette décision sera exécutoire, nonobstant appel.

La Cour d'Appel de Paris a décidé que cette provision accordée lorsque la cause n'est pas en état, doit être servie cumulativement avec l'indemnité journalière (5 janvier 1901).

Titre de pension (art. 19 et 28).

Il semblerait résulter du dernier paragraphe de l'article 19 que les titres de pension (Ordonnance de conciliation du président du tribunal — ou jugement du tribunal) ne doivent être remis aux intéressés qu'à l'expiration du délai de révision (3 ans).

D'une circulaire de M. le Garde des Sceaux (10 août 1901), il ressort que cette interprétation est inexacte et que les greffiers n'ont pas à retarder la délivrance de ces pièces. « Le titre de pension dont il s'agit ici, dit-il, est celui que, dans le projet primitif, l'ouvrier devait recevoir pour toucher de la Caisse nationale des retraites les arrérages de sa pension. L'obligation de faire assurer, dans tous les cas, le service de la pension par la Caisse des retraites n'ayant pas été maintenue dans la loi, le deuxième alinéa de l'article 19 aurait dû disparaître. C'est par simple omission qu'il n'a pas été supprimé. Il convient de n'en pas tenir compte. » La conséquence c'est que, *dans tous les cas :*

Dès que l'attribution des rentes a été faite, les bénéficiaires peuvent obtenir du greffier du tribunal la grosse du jugement allouant la pension ou l'ordonnance de conciliation.

Enfin, si le chef d'industrie verse à la Caisse nationale des retraites le capital représentatif des pensions mises à sa charge (soit qu'il cesse son industrie, soit qu'il effectue librement ce versement), les titres de pension sont remis aux intéressés par l'intermédiaire du trésorier-payeur du département.

Nous devons ajouter que dans ces divers cas (paiement de rentes) « le crédit-rentier ne peut demander les arrérages de sa rente qu'en justifiant, s'il est besoin, de son existence par toute preuve de droit, notamment par la production d'un *certificat de vie*, délivré sans frais, sur papier libre et non soumis à la formalité de l'enregistrement » (Avis du Comité consultatif).

De l'Appel (art. 17).

L'appel est interjeté dans les formes ordinaires dans les *trente jours* de la date du jugement, s'il est *contradictoire*, et, s'il est par défaut, dans le délai de *15 jours* à partir du jour où l'opposition ne sera plus recevable. La loi établissant que l'opposition ne sera plus recevable, en cas de jugement par défaut contre partie et lorsque le jugement aura été signifié à personne, passé le délai de 15 jours, à partir de cette signification, il en résulte que dans ce cas l'appel doit être interjeté dans les *30 jours* de la signification du jugement rendu par défaut.

Enfin, afin de rendre la procédure plus expéditive, la loi stipule que la Cour statuera d'urgence dans le mois de l'acte d'appel.

Recours en Cassation (art. 17).

Le Recours en Cassation existe à la fois pour les décisions du juge de paix (indemnité temporaire et frais de toutes sortes) et pour celles de la Cour d'Appel. Avant de former un pourvoi en cassation contre la décision d'une juridiction de jugement, il est nécessaire d'examiner si la Cour Suprême n'a pas eu précédemment à trancher une question de même nature, afin de s'y référer, le cas échéant. Les délais de pourvoi sont ceux du droit commun.

§ 3. RÉVISION DES INDEMNITÉS (art. 19).

Pendant un délai de 3 ans, à dater de l'ordonnance de conciliation ou du jugement du tribunal (décision définitive), les indemnités accordées à la victime peuvent être revisées à la demande :

1° Du patron en cas d'atténuation de l'infirmité de la victime ;

2° De la victime ou de ses ayants droit, en cas d'aggravation de l'infirmité ou en cas de décès par suite des conséquences de l'accident.

Le même tribunal de première instance qui a connu de l'affaire en premier lieu est appelé à statuer sur la demande en révision et dans la même forme que pour l'action primitive.

Remarque. — Si, passé le délai de trois ans, aucune demande en révision n'a été faite, le titre de pension de la victime (ordonnance de conciliation ou grosse du jugement) de provisoire devient définitif. Si, au contraire, une demande en révision est formée, la nouvelle ordonnance ou le nouveau jugement formeront le titre définitif du pensionné.

SECTION IV

Garantie. Assurances et Primes. Affichage.

§ Ier. GARANTIE (art. 23 à 27).

Il ne suffisait pas que la loi décrétât le droit de l'ouvrier blessé à une compensation, à une réparation pécuniaire du préjudice causé, il était nécessaire de garantir, dans tous les cas, cette réparation. C'est là le but des articles 23, 24, 25, 26 et 27 de la loi.

Les créances relatives aux frais médicaux, pharmaceutiques et funéraires, ainsi qu'aux indemnités journalières, sont gagées par l'article 2,101 du Code civil, sur l'ensemble des biens de l'industriel (n° 5).

Dans le cas d'assurance, les risques liquidés (accidents ayant déjà donné lieu à l'attribution de rentes par les tribunaux), sont garantis par les réserves mathématiques imposées aux Compagnies.

Enfin, dans le cas de décès et d'incapacité permanente, absolue ou partielle, la Caisse nationale des retraites sur la vieillesse assurera, à défaut des débiteurs, le paiement des indemnités mises à leur charge, au moyen d'un fonds spécial de garantie géré par elle.

Ce fonds de garantie est constitué par une addition de quatre centimes au principal de la contribution des patentes pour toutes les industries assujetties, et pour les Mines, par une taxe de cinq centimes par hectare concédé. (1)

Donc, dans aucun cas, l'ouvrier ne sera lésé. Il n'a pas, dès lors, à se préoccuper si son patron est ou n'est pas assuré,

---

(1) L'annexe I à la circulaire du 8 juin 1901, du Ministère du Commerce, constitue la liste de toutes les professions passibles de la taxe additionnelle établie par l'article 25 de la loi du 9 avril 1898.

puisque, dans tous les cas, l'Etat lui garantit le paiement de sa rente. Voici dans quelles conditions le bénéficiaire de ces droits usera de la garantie de l'Etat :

« Si un titulaire de rente viagère, liquidée en vertu de la loi sur les accidents, n'obtient pas, au jour de l'échéance, le montant des arrérages qui lui sont dus, il n'a qu'à en faire la déclaration à la mairie de sa résidence, en justifiant de sa créance. La déclaration et les pièces produites à l'appui sont transmises par le Maire, dans les vingt-quatre heures, au Directeur général de la Caisse des Dépôts et Consignations.

Dans les cinq jours de cette déclaration, le juge de paix du canton doit être saisi par l'Administration de la Caisse nationale des retraites, pour convoquer le chef d'entreprise débiteur ou l'assureur qui a assumé sa dette. A la suite de cette convocation, si le débiteur ne s'exécute pas immédiatement, soit qu'il n'ait pas comparu ou se trouve insolvable, ou obtienne un délai de paiement, du moment où la créance du rentier est reconnue ou même paraît moralement établie, l'Administration de la Caisse nationale des retraites acquitte immédiatement, par mandat-poste, les arrérages exigibles, sauf à les recouvrer, s'il y a lieu, sur le débiteur, dans les conditions et suivant les formalités qu'énumère un règlement d'administration publique du 28 février 1899.

§ II. ASSURANCES ET PRIMES

Nous avons vu précédemment que l'assurance était le refuge moral et matériel obligatoire pour tous les industriels soucieux de leurs intérêts, bien que la loi n'ait pas fait une obligation de l'assurance. Chacun peut être son propre assureur. Mais, en fait, à part de grandes exploitations industrielles, la majeure partie des chefs d'industrie sont assurés. Il semblerait donc qu'il n'y ait plus qu'un pas très léger à faire pour arriver à l'assurance obligatoire par l'Etat. Au surplus, beaucoup d'industriels en sont partisans pour les raisons suivantes :

1o Suppression du fonds de garantie ;

2o Suppression ou tout au moins réduction notable du nombre des litiges qui s'élèvent entre ouvriers et patrons et assureurs ;

3o Facilité beaucoup plus grande pour l'ouvrier d'obtenir rapidement les indemnités pour incapacité temporaire.

Quoi qu'il en soit, l'industriel n'a que le choix des combinaisons :

a) S'affilier à une société d'assurances mutuelles.

b) Contracter une police auprès d'une compagnie d'assurances à primes fixes.

c) S'affilier à un Syndicat de garantie (association d'industriels solidairement responsables jusqu'à liquidation des opérations des risques survenus à l'un des membres du Syndicat [1] ;

d) Enfin s'assurer à la Caisse nationale contre les accidents.

Mais, quelle que soit la combinaison choisie, il est bien évident que le paiement des primes d'assurance reste à la charge du patron.

L'Industrie étant responsable des accidents survenus du fait du « risque professionnel », c'est à l'industrie seule à se garantir contre les suites possibles de ces accidents.

Que l'ouvrier ait été ou non assuré par son patron, que lui importe, puisque l'Etat, dans tous les cas, lui garantit le paiement de la rente. Si la prime devait être mise à sa charge, il aurait tout avantage à n'être pas assuré.

Et, à ce propos, il n'est pas sans intérêt d'affirmer que, si sous le régime antérieur à la loi du 9 avril 1898, il était vrai de dire que le chef d'industrie assurait ses ouvriers, leur donnant ainsi une marque d'intérêt, il n'en est plus de même aujourd'hui où des obligations bien définies sont mises à sa charge. Actuellement, on ne peut plus dire que le patron assure ses ouvriers, il faut dire :

qu'il s'assure lui-même, pour se couvrir des risques professionnels.

La prétention du patron de retenir le montant de la prime d'assurance sur le salaire de ses ouvriers n'est donc pas fondée (Conseils de prud'hommes de Marseille, Limoges, la Seine, Morlaix, Toulon, année 1900), *et les ouvriers peuvent exiger le remboursement de la somme retenue* (Conseils de prud'hommes de Marseille, Morlaix, la Seine, Brest, Toulon, Lille, Nîmes, Versailles, etc., année 1900), *alors même qu'ils auraient laissé passer sans élever de réclamation un grand nombre de règlements de compte* (Conseil de prud'hommes de Nîmes, 6 juin 1900).

---

[1] Un syndicat de garantie doit comprendre au moins 5.000 ouvriers assurés et 10 chefs d'entreprise adhérents, dont 5 ayant au moins chacun 300 ouvriers. — Un certain nombre d'industriels, surtout des industries du bois, seraient désireux de voir réduire à 50, par exemple, ce chiffre de 300 ouvriers, avec une augmentation proportionnelle du nombre des patrons assurés.

Bien plus, l'ouvrier ne peut valablement consentir une retenue sur ses salaires « *cette convention est nulle de plein droit, en vertu de l'article 30* » (Conseils de prud'hommes de Dijon et de La Rochelle, 1899 et 1900).

AUX CHEFS D'INDUSTRIE. — Assurance.

a) Une question très embarrassante nous a fort souvent été posée, à savoir : Quelle est la meilleure compagnie d'assurances pour les risques industriels (loi de 1898)? Cette question, qui pouvait se présenter sous l'empire de la législation antérieure (droit commun) comme elle se présente encore actuellement pour les risques d'incendie et les risques-vie, n'a plus actuellement d'intérêt pour les risques-accidents du travail.

En effet, s'il peut être très important de rechercher, avant de s'assurer contre l'incendie ou sur la vie, si la Compagnie d'assurances est sérieuse, si elle présente des garanties satisfaisantes, il n'en est pas de même, à beaucoup près, pour les Compagnies d'assurances contre les accidents du travail. Celles-ci sont soumises à la surveillance et au contrôle de l'État (art. 27), elles sont astreintes à constituer des réserves ou des cautionnements, dans les conditions déterminées par un règlement d'administration publique, chaque année avant le 1er décembre la liste des compagnies mutuelles ou à primes fixes, fonctionnant dans les conditions légales, est publiée au *Journal Officiel*, aussi le législateur a-t-il pu décider (art. 26) *qu'en cas d'assurance du chef de l'entreprise, la Caisse nationale des Retraites n'aura plus de recours contre le chef de l'entreprise.* La Caisse nationale ne peut poursuivre que l'assureur.

Il en résulte immédiatement que l'industriel ne doit avoir qu'une seule préoccupation : *s'assurer au tarif le plus bas,* après avoir toutefois vérifié par la lecture d'une police que la société d'assurances a accompli les formalités de cautionnement, etc., prévues par le décret du 28 février 1899 — Rappelons à ce propos que toute société qui pratiquerait l'assurance-accidents du travail avant d'avoir déposé le cautionnement réglementaire serait passible des peines édictées par les articles 471 et 474 du Code pénal.

b) *Assurance des exploitants de batteuses agricoles.* — Les difficultés relatives à l'assurance des exploitants de batteuses agricoles ont été résolues par la Caisse nationale d'assurances dans les conditions suivantes :

1° La prime à payer par l'exploitant est de deux francs par jour et par machine : elle est payable d'avance pour le nombre de jours déclarés ;

2° L'assurance porte sur toutes les personnes, quelles qu'elles soient, employées à la conduite ou au service de la machine ou de son moteur, elle peut être conclue par périodes successives de : un jour, deux jours, plusieurs jours, un mois, etc. ;

3° L'assuré peut exclure de l'assurance, soit en souscrivant le bulletin déclaratif, soit au cours de la période d'exploitation, tels jours qu'il lui convient. Ces conditions très larges ne peuvent que favoriser le développement de l'assurance agricole (moteurs) encore peu répandue. Rappelons que toutes les demandes de souscription d'assurance peuvent être adressées à la Direction générale de la Caisse des dépôts et consignations, à Paris, et même aux receveurs des postes.

§ 3. AFFICHAGE.

Il est une dernière prescription de la loi sur laquelle nous appelons l'attention des industriels, c'est celle qui est relative à son affichage dans tous les établissements assujettis : dans chacune des salles de travail pour les ateliers, usines et manufactures, dans le bureau, dans le local où se fait la paye des ouvriers, pour les chantiers, dans les gares de chemin de fer, bureaux d'omnibus ou de tramways, bureaux d'expédition (camionnage) pour les entreprises de transport, etc., partout, en un mot, où des ouvriers ou employés travaillent ou sont réunis. Cette formalité a une grande importance, parce que c'est seulement si elle est observée que les ouvriers pourront connaître la loi et exercer, le cas échéant, les droits qu'elle leur confère. (1)

---

(1) L'inobservation de cette prescription d'affichage par les chefs d'industrie est punie (art. 31) d'une amende de 1 à 15 francs et de 16 à 100 francs, en cas de récidive.

CONCLUSION

Nous avons insisté peut-être un peu longuement, au commencement de cette étude, sur les bases de la législation nouvelle, en exposant les théories successivement présentées et discutées à la Chambre et au Sénat, avant d'arriver à l'adoption du principe du risque professionnel, corrigé et complété par le principe de l'indemnité transactionnelle et forfaitaire.

Nous pensons, toutefois, que cette introduction n'était pas inutile. Elle pourra contribuer à montrer quels sont les véritables fondements de notre droit actuel, en matière d'accidents du travail, et peut-être aussi, faciliter, dans une certaine mesure, l'extension du principe de la loi de 1898, et cela d'une façon indiscutable, à d'autres travaux (ateliers, entreprises commerciales et agricoles), et à certains risques (maladies professionnelles) qui n'ont pas été, jusqu'à ce jour, considérés comme des accidents du travail, bien qu'indubitablement ils soient la conséquence évidente de l'exercice de la profession.

Et de plus, un certain nombre de décisions judiciaires rapportées dans les pages qui précèdent, bien qu'inspirées, en général, par le texte même de la loi, sont en contradiction formelle avec le système du compromis, tel que nous l'avons établi, et qui est l'essence même de notre législation réparatrice (indemnité des 4 jours qui suivent l'accident, hospitalisation, réduction de salaire en cas d'incapacité permanente, *faute inexcusable de l'ouvrier*, etc.) ; aussi, croyons-nous que cet exposé des bases de la loi pourra être de quelque utilité, en permettant aux intéressés de mieux comprendre et, partant, d'admettre plus facilement les dispositions nouvelles, ainsi que les améliorations qui y seront prochainement apportées, et, le cas échéant, de les appliquer dans leur véritable esprit.

Le Commentaire que nous avons fait de la loi de 1898 est certainement incomplet, car nous avons laissé de côté certains détails, très intéressants à connaître sans doute, mais qui ne présentaient, ni pour les ouvriers, ni pour les industriels, un caractère d'utilité très immédiat. D'un autre côté, certains aperçus d'un caractère trop évidemment spéculatif (ex. : De la situation des ouvriers à salaire élevé, etc.), ont été limités au strict minimum, afin de pouvoir nous maintenir dans le cadre étroit que nous nous étions tracé. En revanche, nous avons appuyé toutes nos explications d'exemples choisis parmi les plus importantes décisions de jurisprudence.

Nous adressant *aux patrons*, nous leur avons montré quelles étaient leurs charges, ainsi que les meilleurs moyens de s'en préserver ; nous avons surtout insisté sur la garantie d'ordre public accordée par l'Etat aux industriels assurés. En ce moment, nous ajouterons qu'en cas de doute sur l'assujettissement de leur industrie à la loi de 1898, il est de leur intérêt le plus absolu, quant à la déclaration et aux charges pouvant résulter de l'accident pour l'exploitation, de se considérer comme responsables ; ils s'éviteront ainsi de graves déceptions. Nous leur dirons encore — à ceux qui sont assurés, tout au moins — qu'ils sont les défenseurs-nés de leurs ouvriers, et, qu'en cas d'accident de travail, ils ont un rôle très important à remplir : le rôle de Conseil de l'ouvrier en face de l'assureur. Nous n'insisterons pas sur les multiples avantages qu'ils peuvent en recueillir (amélioration des rapports entre le capital et le travail, etc.) : ces avantages sont trop évidents.

Aux ouvriers, nous avons voulu surtout expliquer ce qu'il n'est permis à personne d'ignorer aujourd'hui. Nous avons eu à cœur de les mettre à même, dans quelque circonstance qui puisse se présenter, de prendre la prompte décision qui sauvegardera leurs intérêts et ceux de leur famille. Car, ils ne doivent pas l'oublier, ils sont responsables envers elle, et il est de leur devoir de ne pas négliger, dans une circonstance que nous ne prévoyons pas, que nous ne souhaitons certes pas de lui donner, ainsi qu'à eux-mêmes, toutes garanties pour l'avenir. Nous leur répéterons encore que l'ouvrier blessé a le droit le plus absolu de choisir son médecin et son pharmacien qui, dans tous les cas, sont payés par le patron ; que l'industriel ne peut lui imposer le médecin de l'assurance dont les fautes professionnelles ne sont, d'ailleurs, pas couvertes par la responsabilité de l'assurance (Cour d'Appel de Nîmes, 23 juillet 1902), et qu'enfin, si la victime a des raisons spéciales de redouter l'appréciation de l'incapacité et de sa gravité par le médecin de l'assureur, elle a, non seulement le droit, mais le devoir de demander les soins d'un médecin qui soit, pendant l'enquête et jusqu'à la décision définitive, son conseiller et son défenseur. (1)

Arrivé au bout de la tâche que nous nous étions imposée, peut-être nous sera-t-il légitimement permis d'espérer que notre modeste travail n'aura pas été superflu, et qu'il pourra rendre quelques services aux chefs d'industrie ou d'exploitations assujetties, ainsi qu'aux employés ou ouvriers victimes des risques professionnels.

---

(1) Le médecin de l'ouvrier doit assister à l'expertise pour sauvegarder les droits de l'ouvrier (Cour d'Appel, Rouen, 30 avril 1902).

Le domicile de l'ouvrier étant inviolable, le médecin de l'assurance n'a pas le droit de pénétrer auprès de l'ouvrier contre sa propre volonté. Ce droit appartient seulement au médecin désigné par le juge de paix pour examiner le blessé.

Déclaration d'Accident du Travail [a]

(Art. 11 de la loi du 9 avril 1898 modifié par la loi
du 22 mars 1902.)

(1) Indiquer les nom, prénoms, profession et adresse, soit du chef d'entreprise, s'il fait la déclaration lui-même, soit de son préposé, en mentionnant son emploi dans l'entreprise, soit des représentants de la victime, en mentionnant à quel titre ils la représentent (père, mère, conjoint, enfant, mandataire, etc.)
Si la déclaration est faite par la victime elle-même, indiquer ici les renseignements prévus ci-après sous le n° 3.

(2) Indiquer la nature de l'établissement et son adresse, ainsi que le lieu précis, où l'accident s'est produit.

(3) Indiquer les nom, prénoms, âge, sexe, profession et adresse de la victime.

(4) Spécifier l'engin, le travail, le fait qui a occasionné l'accident.

(5) Préciser la nature des blessures : fracture de la jambe, contusions ou lésions internes, asphyxie etc. Spécifier s'il y a eu décès.

(6) Indiquer les noms, professions et adresses.

(7) Titre et siège du syndicat de garantie, de la société mutuelle ou de la compagnie à primes fixes qui assure le chef d'entreprise. S'il n'y a pas d'assureur, le déclarer expressément.

Le soussigné, (1) ...
déclare à M. le Maire de la commune d
canton d ...
arrondissement d ...
département d ...
conformément à l'art. 11 de la loi du 9 avril 1898,
modifié par la loi du 22 mars 1902, qu'un accident
ayant occasionné une incapacité de travail est
survenu le ...
à   heure ...
dans (2) ...
à (3) ...
L'accident a été occasionné par la cause matérielle (4) ci-après, dans les circonstances suivantes :

L'accident a produit les blessures suivantes : (5)

Les témoins de l'accident sont : (6) ...

Je déclare être assuré contre les accidents du
travail par la société ci-après : (7) ...

Fait à ... le ... 19 .

(Signature du déclarant.)

(a) Cette déclaration doit être remise à la mairie par le chef d'entreprise ou son préposé dans les quarante-huit heures de l'accident, non compris les dimanches et jours fériés. Dans les quatre jours qui suivent l'accident, si la victime n'a pas repris son travail, le chef d'entreprise ou son préposé doit, en outre, déposer un certificat de médecin indiquant l'état de la victime, les suites probables de l'accident et l'époque à laquelle il sera possible d'en connaître le résultat définitif. (Modèle IV.)
Si la déclaration est faite par la victime ou ses ayants droit, le certificat médical doit être joint à la déclaration.

MODÈLE IV.

—

DÉPOT DE CERTIFICAT MÉDICAL

(Art. 11 de la loi du 9 avril 1898, modifié par la loi
du 22 mars 1902.)

———

Le soussigné, (1)

remet à M. le Maire de la commune d

canton d

arrondissement d

département d

pour être joint à la déclaration faite le

de l'accident survenu le

à (2)

un certificat du docteur (3)

indiquant l'état de la victime, les suites probables
de l'accident et l'époque à laquelle il sera possible
d'en connaître le résultat définitif.

Fait à   , le   19   .

Signature du déposant.)

TABLE DES MATIÈRES

RED. :

20

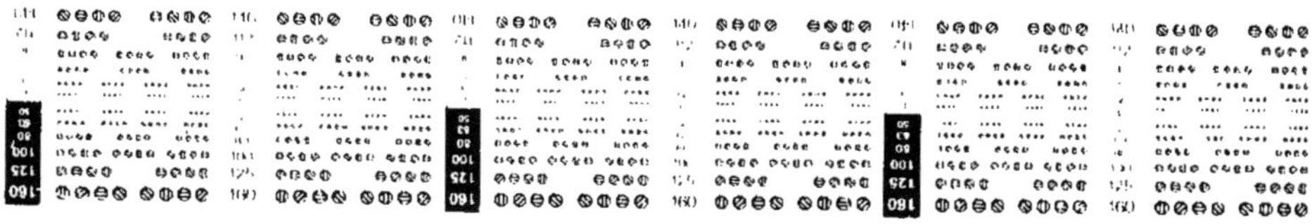

MIRE ISO N° 1
NF Z 43-001
AFNOR

graphicom

0 1 2 3 4 5 6 7 8 9 10

www.ingramcontent.com/pod-product-compliance
Ingram Content Group UK Ltd.
Pitfield, Milton Keynes, MK11 3LW, UK
UKHW020944140726
13695UKWH00003B/1191